财务会计
与审计管理

姚敬明　曹　靓◎著

山西出版传媒集团
三晋出版社

图书在版编目（CIP）数据

财务会计与审计管理 / 姚敬明，曹靓著. -- 太原：三晋出版社，2025.4. -- ISBN 978-7-5457-3198-9

Ⅰ. F234.4；F239.41

中国国家版本馆CIP数据核字第2025W115E3号

财务会计与审计管理

著　　者：	姚敬明　曹　靓
责任编辑：	张　路
出版者：	山西出版传媒集团·三晋出版社
地　　址：	太原市建设南路21号
电　　话：	0351-4956036（总编室）
	0351-4922203（印制部）
网　　址：	http://www.sjcbs.cn
经销者：	新华书店
承印者：	三河市恒彩印务有限公司
开　　本：	720mm×1020mm　1/16开本
印　　张：	11.25
字　　数：	150千字
版　　次：	2025年4月第1版
印　　次：	2025年7月第1次印刷
书　　号：	ISBN 978-7-5457-3198-9
定　　价：	62.00元

如有印装质量问题，请与本社发行部联系　电话：0351-4922268

前　　言

　　财务会计和审计管理是经济学与管理学的交叉学科，随着我国市场经济的深入发展和国内外经济环境的变化，财务、会计和审计等相关法规制度不断地完善，这对财务会计和审计管理工作提出了更多、更高的要求，也促进了财务会计和审计管理方面的巨大发展。

　　为了确保财务会计和审计管理工作的正常进行，必须要保证财务信息的真实性和准确性。而审计作为企业管理的重要内容，与财务工作之间有着密切联系，审计不仅可以支持财务工作，同时还能提升财务的整体效率和水平。同时，企业所面临的市场环境也在不断发生变化，企业要想在这种经济环境下取得竞争优势，那么就应该重视财务会计和审计管理工作，并且利用这些知识来建立企业的核心竞争力。因此，必须树立先进的工作理念，科学规范工作程序，督促相关人员严格按照规章制度办事，促进财务会计与审计管理的各个工作环节有条不紊地展开。

　　财务会计能够反映企业的经营活动，是企业管理的重要组成部分，对企业的经济发展有一定的影响。而审计管理是企业财务管理的重要组成部分，也是保证财务工作的基础，其增强了费用投入的真实性和有效性，降低了审核工作的纰漏和财务管理风险，提高了财务管理的效率和水平。

　　合理地使用会计、审计能够有效地提升企业财务工作的质量和水平。在经济不断发展的今天，企业需要加强财务的各方面工作，提升会计与审计的水平，这样才能够保证企业资金使用合理，推动企业向前发展。其中，财会审计人员是发展的重要力量，为了适应新时期经济发展的新形势，应培养更多的相关人才，要注重基本知识、基本方法和基本技能的训练，以适应实践工作的需要。

著 者

2024年10月

目　　录

第一章　财务会计概论 ··· 1

　　第一节　会计理论 ··· 1

　　第二节　财务会计的内容 ··· 8

第二章　资　产 ·· 12

　　第一节　存　货 ·· 12

　　第二节　货币资金 ·· 25

　　第三节　固定资产 ·· 36

　　第四节　无形资产 ·· 52

第三章　负　债 ·· 64

　　第一节　流动负债 ·· 64

　　第二节　非流动负债 ·· 82

第四章　审计概述 ·· 89

　　第一节　审计的产生和发展 ·· 89

　　第二节　审计的概念和性质 ·· 97

第三节　审计目标和对象 …………………………………… 100
  第四节　审计职能和作用 …………………………………… 102

第五章　销售与收款循环审计 …………………………………… 106
  第一节　销售与收款循环的概述 …………………………… 106
  第二节　销售与收款循环的风险评估及控制测试 ………… 111
  第三节　销售与收款循环的实质性程序 …………………… 114

第六章　投资与筹资循环审计 …………………………………… 123
  第一节　投资与筹资循环概述 ……………………………… 123
  第二节　投资与筹资循环的控制测试 ……………………… 126
  第三节　投资与筹资循环的实质性程序 …………………… 131

第七章　审计管理 ………………………………………………… 140
  第一节　审计管理概述 ……………………………………… 140
  第二节　审计计划管理 ……………………………………… 147
  第三节　审计现场管理 ……………………………………… 151
  第四节　审计资源管理 ……………………………………… 155
  第五节　审计质量管理 ……………………………………… 159
  第六节　审计信息管理 ……………………………………… 165

参考文献 …………………………………………………………… 173

第一章 财务会计概论

第一节 会计理论

一、会计的概念和作用

(一) 会计的概念

会计是以货币为主要计量单位，利用专门的方法和程序，对企业和行政、事业单位的经济活动进行完整的、连续的、系统的反映和监督，旨在提供经济信息和提高经济效益的一项经济管理活动。在企业，会计主要反映企业的财务状况、经营成果和现金流量，并对企业经营活动和财务收支进行监督。会计是随着人类社会生产的发展和经济管理的需要而产生、发展并不断完善起来的。人类文明不断进步，社会经济活动不断革新，生产力不断提高，会计的核算内容、核算方法等也得到了较大发展，逐步由简单的计量与记录行为发展为以货币单位综合反映和监督经济活动过程的一种经济管理工作，并在参与单位经营管理决策、提高资源配置效率、促进经济健康持续发展方面发挥积极作用。

(二) 会计的作用

会计是现代企业一项重要的基础性工作，通过一系列会计程序，提供对决策有用的信息，并积极参与经营管理，提高企业经济效益，服务于市场经济的健康有序发展。具体来说，会计在社会主义市场经济中的作用，主要包括以下几个方面。

第一，提供对决策有用的信息，提高企业信息透明度，规范企业行为。会计通过其反映职能，提供有关企业财务状况、经营成果和现金流量方面的信息，是投资者和债权人等财务报告的使用者进行决策的依据。例如，对于作为企业所有者的投资者来说，他们为了选择投资对象、衡量投资风险、作出投资决策，需要了解有关企业经营情况方面的信息及其所处行业的信息；对于作为债权人的银行来说，他们为了选择贷款对象、衡量贷款风险、作出贷款决策，需要了解企业的短期偿债能力和长期偿债能力，以及企业所处行业的基本情况及其在同行业所处的地位；对于作为社会经济管理者的政府部门来说，他们为了制定经济政策、进行宏观调控、配置社会资源，需要从总体上掌握企业的资产负债结构、损益状况和现金流转情况，从宏观上把握经济运行的状况和发展变化趋势。所有这一切，都需要会计提供有助于他们进行决策的信息，通过提高企业信息透明度来规范企业的会计行为。

第二，加强经营管理，提高经济效益，促进企业可持续发展。企业经营管理水平的高低直接影响着企业的经济效益、经营成果、竞争能力和发展前景，在一定程度上决定着企业的前途和命运。为了满足企业内部经营管理对会计信息的需要，现代会计已经渗透到了企业内部经营管理的各个方面。例如，会计通过分析和利用有关企业财务状况、经营成果和现金流量方面的信息，可以全面、系统地了解企业生产经营活动情况、财务状况和经营成果，并在此基础上预测和分析未来发展前景；可以通过发现过去经营活动中存在的问题，找出存在的差距及原因，并提出改进措施；可以通过预算的分解和落实，建立内部经济责任制，从而做到目标明确、责任清晰、考核严格、赏罚分明。总之，会计通过真实地反映企业的财务信息，参与经营管理，为处理企业与各方面的关系、考核企业管理人员的经营业绩、落实企业内部管理责任奠定基础，有助于发挥会计工作在加强企业经营管理、提高经济效益方面的积极作用。

第三，考核企业管理层经济责任的履行情况。企业接受了包括国家在内的所有投资者和债权人的投资，就有责任按照其预定的发展目标和要求，合理利用资源，加强经营管理，提高经济效益，接受考核和评价。会计信息有助于评价企业的业绩，有助于考核企业管理层经济责任的履行情况。

二、会计基本假设

会计基本假设是企业会计确认、计量和报告的前提，是对会计核算所处时间、空间环境等所作的合理设定。[①]会计基本假设包括会计主体、持续经营、会计分期和货币计量。

（一）会计主体

会计主体是指企业会计确认、计量和报告的空间范围。在会计主体的假设下，企业应当对其本身发生的交易或者事项进行会计确认、计量和报告，反映企业本身所从事的各项生产经营活动。明确界定会计主体是开展会计确认、计量和报告工作的重要前提。

会计主体不同于法律主体。一般来说，法律主体必然是一个会计主体。例如，一个企业作为一个法律主体，应当建立财务会计系统，独立反映其财务状况、经营成果和现金流量。但是会计主体不一定是法律主体。例如，在企业集团的情况下，一个母公司拥有若干子公司，母公司、子公司虽然是不同的法律主体，但是母公司对于子公司拥有控制权，为了全面反映企业集团的财务状况、经营成果和现金流量，就有必要将企业集团作为一个会计主体，编制合并财务报表。再如，由企业管理的证券投资基金、企业年金基金等，尽管不属于法律主体，但属于会计主体，应当对每项基金进行会计确认、计量和报告。

（二）持续经营

持续经营是指在可以预见的将来，企业将会按当前的规模和状态继续

[①] 张淼，崔姝媛. 知识经济下的会计基本假设[J]. 产业与科技论坛，2015（4）：2.

经营下去，不会停业，也不会大规模削减业务。会计确认、计量和报告应当以企业持续、正常的生产经营活动为前提。

明确这个基本假设就意味着会计主体将按照既定用途使用资产，按照既定的合约条件清偿债务，会计人员就可以在此基础上选择会计原则和会计方法。如果判断企业会持续经营，就可以假定企业的固定资产会在持续经营的生产经营过程中长期发挥作用，并服务于生产经营过程，固定资产就可以根据历史成本进行记录，并采用折旧的方法，将历史成本分摊到各个会计期间或相关产品的成本中。如果判断企业不会持续经营，固定资产就不应采用历史成本进行记录并按期计提折旧。

（三）会计分期

会计分期是指将一个企业持续经营的生产经营活动划分为一个个连续的、间隔相同的期间。会计分期的目的，在于将持续经营的生产经营活动划分成连续、相等的会计期间，据以结算盈亏，按期编报财务报告，从而及时向财务报告使用者提供有关企业财务状况、经营成果和现金流量的信息。

在会计分期假设下，企业应当划分会计期间、分期结算账目和编制财务报告。会计期间通常分为年度和中期。在我国，年度是指公历1月1日至12月31日。中期，是指短于一个完整的会计年度的报告期间，如月度、季度、半年度等。明确会计分期假设的意义重大，由于会计分期，才产生了当期与以前期间、以后期间的差别，才使不同类型的会计主体有了记账的基准，进而出现了折旧、摊销等会计处理方法，从而产生了权责发生制和收付实现制的区别。

（四）货币计量

货币计量是指会计主体在财务会计确认、计量和报告时以货币为主要计量单位，反映会计主体的生产经营活动。

在有些情况下，统一采用货币计量也有缺陷，某些影响企业财务状况和经营成果的因素，如企业经营战略、研发能力、市场竞争力等，往往难以用货币来计量，但这些信息对于使用者决策也很重要，为此，企业可以在财务报告中补充披露有关非财务信息来弥补上述缺陷。我国的会计核算应以人民币为记账本位币。业务收支以外币为主的企业，也可以选择某种外币作为记账本位币，但编制的财务会计报告应当折算为人民币；在境外设立的中国企业向国内报送的财务会计报告，应当折算为人民币。

三、会计基础

企业会计的确认、计量和报告应当以权责发生制为基础。权责发生制要求，凡是当期已经实现的收入和已经发生或应当负担的费用，无论款项是否收付，都应当作为当期的收入和费用，计入利润表；凡是不属于当期的收入和费用，即使款项已在当期收付也不应当作为当期的收入和费用。

在实务中，企业交易或者事项的发生时间与相关货币收支时间有时并不完全一致。例如，款项已经收到，但销售并未实现；或者款项已经支付，但并不是为本期生产经营活动而发生的。为了更加真实、公允地反映特定会计期间的财务状况和经营成果，基本准则明确规定，企业在会计确认、计量和报告中应当以权责发生制为基础。

收付实现制是与权责发生制相对应的一种会计基础，它是以收到或支付的现金作为确认收入和费用等的依据。目前，我国的行政单位会计采用收付实现制，事业单位会计除经营业务可以采用权责发生制外，其他大部分业务采用收付实现制。

四、会计信息质量要求

会计信息质量要求是对企业财务报告中所提供的会计信息质量的基本要求，是财务报告中所提供的会计信息应具备的基本特征，它主要包括可靠性、相关性、可理解性、可比性、实质重于形式、重要性、谨慎性和及时性等。

（一）可靠性

可靠性要求企业应当以实际发生的交易或者事项为依据进行确认、计量和报告,如实反映符合确认和计量要求的各项会计要素及其他相关信息,保证会计信息真实可靠、内容完整。不得根据虚构的、没有发生的或者尚未发生的交易或者事项进行确认、计量和报告。编制的报表及其附注内容等应当完整,不能随意遗漏或者减少应予披露的信息,与使用者决策相关的有用信息都应当充分披露。

（二）相关性

相关性要求企业提供的会计信息应当与投资者等财务报告使用者的经济决策需要相关,有助于投资者等财务报告使用者对企业过去、现在或者未来的情况作出评价或者预测。

会计信息质量的相关性要求,企业在确认、计量和报告会计信息的过程中,应充分考虑使用者的决策模式和信息需要。但是相关性是以可靠性为基础的,两者之间并不矛盾,不应将两者对立起来。也就是说,会计信息在可靠性的前提下,尽可能地做到相关性,以满足投资者等财务报告使用者的决策需要。

（三）可理解性

可理解性要求企业提供的会计信息应当清晰明了,便于投资者等财务报告使用者理解和使用。

企业编制财务报告、提供会计信息的目的在于让使用者有效地使用会计信息,因此使用者必须了解会计信息的内涵,弄懂会计信息的内容,这就要求财务报告所提供的会计信息应当清晰明了,易于理解。只有这样,才能提高会计信息的有用性,实现财务报告的目标,满足向投资者等财务报告使用者提供对决策有用信息的要求。

（四）可比性

可比性要求企业提供的会计信息相互可比。主要包括两层含义,如下。

1. 同一企业不同时期可比。为了便于投资者等财务报告使用者了解企业财务状况、经营成果和现金流量的变化趋势,比较企业在不同时期的财务报告信息，全面、客观地评价过去、预测未来，从而作出决策，会计信息应当可比。会计信息质量的可比性要求同一企业不同时期发生的相同或者相似的交易或者事项，应当采用一致的会计政策，不得随意变更。但是满足会计信息可比性要求，并非表明企业不得变更会计政策，如果按照规定或者在会计政策变更后可以提供更可靠、更相关的会计信息的，可以变更会计政策。有关会计政策变更的情况，应当在附注中予以说明。

2．不同企业相同会计期间可比。为了便于投资者等财务报告使用者评价不同企业的财务状况、经营成果和现金流量及其变动情况，要求不同企业同一会计期间发生的相同或者相似的交易或者事项，应当采用相同或相似的会计政策，确保会计信息口径一致、相互可比。

（五）实质重于形式

实质重于形式要求企业应当按照交易或者事项的经济实质进行会计确认、计量和报告，而不仅仅以交易或者事项的法律形式为依据。

企业发生的交易或事项，在多数情况下，其经济实质和法律形式是一致的。但在某些特定情况下，会出现不一致。例如，以融资租赁方式租入的资产，虽然从法律形式上企业并不拥有其所有权，但是由于租赁合同中规定的租赁期相当长，接近于该资产的使用寿命，租赁期结束时承租企业有优先购买该资产的选择权，在租赁期内承租企业有权支配资产并从中受益等，因此，从其经济实质来看，企业能够控制融资租入资产所创造的未来经济利益，在会计确认、计量和报告上就应当将以融资租赁方式租入的资产视为企业的资产，列入企业的资产负债表。

（六）重要性

重要性要求企业提供的会计信息应当反映与企业财务状况、经营成果和现金流量有关的所有重要交易或者事项。在实务中，如果会计信息的省略或者错报会影响投资者等财务报告使用者的决策判断，该信息就具有重要性。重要性的应用需要依赖职业判断，企业应当根据其所处环境和实际情况，从项目的性质和金额大小两方面来判断。

（七）谨慎性

在市场经济环境下，企业的生产经营活动面临着许多风险和不确定性，如应收款项的可收回性、固定资产的使用寿命、无形资产的使用寿命、售出存货可能发生的退货或者返修等。会计信息质量的谨慎性要求，企业在面临不确定性因素的情况下作出职业判断时，应当保持应有的谨慎，充分估计到各种风险和损失，既不高估资产或者收益，也不低估负债或者费用。例如，要求企业对可能发生的资产减值损失计提资产减值准备、对售出商品可能发生的保修义务确认预计负债等，就体现了会计信息质量的谨慎性要求。

（八）及时性

及时性要求企业对于已经发生的交易或者事项，应当及时进行确认、计量和报告，不得提前或者延后。会计信息的价值在于帮助所有者或者其他使用者作出经济决策，具有时效性。即使是可靠、相关的会计信息，如果不及时提供，也会失去时效性，对于使用者的效用就大大降低，甚至不再具有实际意义。

第二节　财务会计的内容

一、财务会计的目标

财务会计目标也称财务报告目标，是指企业编制财务报告、提供会计信息的目的，对财务会计的规范发展起着导向性作用。财务报告目标从传统上来讲有两种观点：一是受托责任观；二是决策有用观。

(一) 受托责任观和决策有用观

受托责任观主要形成于公司制企业。在公司制企业下，公司财产的所有权与经营权分离，受托者接受委托者的委托后，获得了财产的自主经营权和处置权，但负有定期向委托者报告其受托责任履行情况的义务。财务会计受托责任观的核心内容是：财务报告目标应以恰当方式有效反映受托者受托管理委托人财产责任的履行情况。财务报告在委托人和受托人之间发挥着桥梁作用，核心是揭示过去的经营活动与财务成果。

决策有用观主要源于资本市场的发展。随着公司制企业的发展，公司的股权进一步分散，分散的投资者关注的核心从公司财产本身转向公司价值管理和资本市场股票的表现。公司的财务报告为此需要向投资者提供与其投资决策相关的信息，这就是基于资本市场的财务报告的决策有用观。财务报告决策有用观的核心内容是：财务报告应当向投资者等外部使用者提供对决策有用的信息，尤其是提供与企业财务状况、经营成果、现金流量等相关的信息，从而有助于使用者评价公司未来现金流量的金额、时间和不确定性。

(二) 我国关于财务报告目标的规定

我国的《企业会计准则——基本准则》规定，财务报告的目标是向财务报告使用者提供与企业财务状况、经营成果和现金流量等有关的会计信息，反映企业管理层受托责任履行情况，有助于财务报告使用者作出经济决策。我国对财务报告目标的界定，兼顾了决策有用观和受托责任观。

二、财务会计要素

会计要素是根据交易或者事项的经济特征所确定的财务会计对象的基本分类。会计要素按照其性质分为资产、负债、所有者权益、收入、费用和利润，其中，资产、负债和所有者权益要素侧重于反映企业的财务状况，收入、费用和利润要素侧重于反映企业的经营成果。

三、财务会计要素计量属性

计量属性是指所予计量的某一要素的特性方面，如桌子的长度、铁矿的重量、楼房的面积等。从会计的角度，计量属性反映的是会计要素金额的确定基础，主要包括历史成本、重置成本、可变现净值、现值和公允价值等。

（一）历史成本

历史成本又称为实际成本，是指为取得或制造某项财产物资时实际支付的现金或其他等价物。例如：设备价款300万元，运杂费2万元，安装调试费用13万元；固定资产成本合计为315万元。在历史成本计量下，资产按照购置时支付的现金或者现金等价物的金额，或者按照购置资产时所付出的对价的公允价值计量。负债按照其因承担现时义务而实际收到的款项或者资产的金额，或者承担现时义务的合同金额，或者按照日常活动中为偿还负债预期需要支付的现金或者现金等价物的金额计量。

（二）重置成本

重置成本又称为现行成本，是指在当前市场条件下，重新取得同样一项资产所需支付的现金或现金等价物金额。在重置成本计量下，资产按照现在购买相同或者相似资产所需支付的现金或者现金等价物的金额计量。负债按照现在偿付该项债务所需支付的现金或者现金等价物的金额计量，常用于盘盈固定资产初始入账金额的确定。

（三）可变现净值

可变现净值是指在正常的生产经营过程中，以预计售价减去进一步加工成本和预计销售费用以及相关税费后的净值。其实质就是该资产在正常经营过程中可带来的预期净现金流入或流出（不考虑资金时间价值）。在可变现净值计量下，资产按照其正常对外销售所能收到的现金或者现金等价物的金额扣减该资产至完工时估计将要发生的成本和销售费用以及相关税金后的金额计量，常应用于存货的期末计量。

（四）现值

现值是指对未来现金流量以恰当的折现率进行折现后的价值，是考虑资金时间价值的一种计量属性。在现值计量下，资产按照预计从其持续使用和最终处置中所产生的未来净现金流入量的折现金额计量。负债按照预计期限内需要偿还的未来净现金流出量的折现金额计量。

（五）公允价值

公允价值是指市场参与者在计量日发生的有序交易中，出售一项资产所能收到或者转移一项负债所需支付的价格。交易性金融资产和可供出售金融资产等采用公允价值计量。

第二章 资　产

第一节　存　货

一、存货概述

（一）含义及核算内容

存货是指企业在日常活动中持有以备销售的产成品或商品、处在生产过程中的在产品、在生产过程或提供劳务过程中耗用的材料和物料。

企业的存货通常包括以下内容：①原材料，指企业在生产过程中经过加工改变其形态或性质并构成产品主要实体的各种原料及主要材料、辅助材料、外购半成品（外购件）、修理用备件（备品备件）、包装材料、燃料等；②在产品，指企业正在制造尚未完工的产品，包括正在各个生产工序加工的产品，和已加工完毕但尚未检验或已检验但尚未办理入库手续的产品；③半成品，指经过一定生产过程并已检验合格交付半成品仓库保管，但尚未制造完工成为产成品，仍需进一步加工的中间产品；④产成品，指工业企业已经完成全部生产过程并验收入库，可以按照合同规定的条件送交订货单位，或者可以作为商品对外销售的产品。企业接受外来原材料加工制造的代制品和为外单位加工修理的代修品，制造和修理完成验收入库后应视同企业的产成品；⑤商品，指商品流通企业外购或委托加工完成验收入库用于销售的各种商品；⑥周转材料，指企业能够多次使用、逐渐转移价值但仍保持原有形态不确认为固定资产的材料，如包装物和低值易耗品；⑦委托代销商品，是指企业委托其他单位代销的商品。

(二) 存货取得成本的确定

1. 外购取得存货成本。外购的存货成本，包括购买价款和相关税费以及运杂费。而运杂费中包括运输费、装卸费、保险费、包装费等。另外运输途中的合理损耗、入库前的挑选整理费用以及按规定应计入成本的税费和其他费用。

其中，存货的购买价款，是指企业购入的材料或商品的发票账单上列明的价款，但不包括按规定可以抵扣的增值税额。

存货的相关税费，是指企业购买存货发生的进口关税、消费税、资源税和不能抵扣的增值税进项税额等应计入存货采购成本的税费。

其他可归属于存货采购成本的费用，即采购成本中除上述各项以外的可直接归属于存货采购的费用；如在存货采购过程中发生的仓储费、包装费、运输途中的合理损耗、入库前的挑选整理费用等。这些费用能分清负担对象的，应直接计入存货的采购成本；不能分清负担对象的，应选择合理的分配方法，分配计入有关存货的采购成本。

2. 加工取得存货的成本。加工取得存货的成本由采购成本、加工成本构成。存货加工成本由直接人工和制造费用构成。制造费用是一项间接生产成本，包括企业生产部门（如生产车间）管理人员的职工薪酬、折旧费、办公费、水电费、机物料损耗、劳动保护费、季节性和修理期间停工损失等。

3. 委托外单位加工取得的存货成本。委托外单位加工完成的存货的实际成本包括：实际耗用的原材料或者半成品、运输费、加工费、装卸费等费用以及按规定应计入成本的税金。

4. 其他方式取得存货的成本。

(1) 投资者投入存货的成本：投资者投入存货的成本，应当按照投资合同或协议约定的价值确定,但合同或协议约定的价值不公允的除外。如果投资合同或协议约定价值不公允的情况下,按照该项存货的公允价值作为其入账价值。

(2)盘盈存货的成本:盘盈的存货应按其重置成本作为入账价值,并通过"待处理财产损溢"科目进行会计处理,按管理权限报经批准后,冲减当期的管理费用。

(三)发出存货的计价方式

日常工作中,企业发出的存货,可以按实际成本核算,也可以按计划成本核算。如采用计划成本核算,会计期末应把相应的存货调整为实际成本。存货计价方法流程图如图2-1。

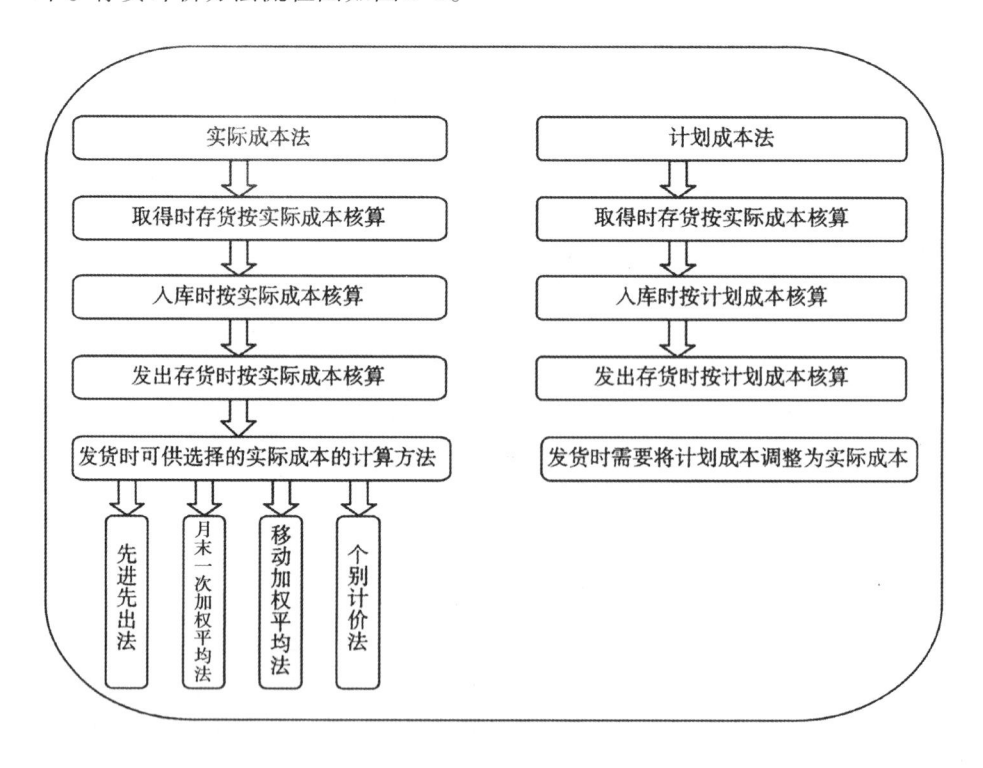

图2-1 存货计价方法流程

企业应当根据各类存货的实物流转方式、企业管理的要求、存货的性质等实际情况,合理确定存货成本的计算方法。企业在实际成本核算方式下，可以采用的发出存货成本的计价方法包括先进先出法、月末一次加权平均法、移动加权平均法和个别计价法等。

1. 实际成本法下发出存货的计价。

（1）先进先出法：先进先出法是指以先购入的存货应先发出（如销售或耗用）这样一种存货实物流动假设为前提对发出存货进行计价的一种方法。

采用这种方法，先购入的存货成本在后购入存货成本之前转出，以此确定发出存货和期末存货成本。这种方法的优点是使企业不能随意挑选存货计价以调整当期利润，这种方法的缺点是工作量比较繁琐复杂，特别对于存货进出量频繁的企业更是如此。而且当物价上涨时，会高估企业当期利润和库存存货价值；反之，会低估企业存货价值和当期利润。

（2）月末一次加权平均法：月末一次加权平均法是指以月初结存存货数量加上本月全部进货数量作为权数，去除月初结存存货成本加上本月全部进货成本，计算出存货的加权平均单位成本。以此为基础计算本月发出存货的成本和期末存货的成本的一种方法。计算公式如下所示：

存货的单位成本 =(月初库存存货成本 + 本月购入存货成本)÷

(月初库存存货数量 + 本月购入存货数量)

本月发出存货的成本 = 本月发出存货的数量 × 存货单位成本

本月月末库存存货成本 = 月末库存存货的数量 × 存货单位成本

采用加权平均法只在月末一次计算加权平均单价，所以对于企业的核算人员来说比较简单。有利于简化成本计算工作，但由于这种方法平时无法从账上提供发出和结存存货的单价及金额，因此不利于企业对于存货成本的日常管理与控制。

（3）移动加权平均法：移动加权平均法是指每次进货时都要计算一次加权平均单位成本。具体方法是每次进货的成本加上原有企业库存存货的成本的合计额，除以每次进货数量加上原有库存存货的数量的合计数，以此计算加权平均单位成本，作为在下次进货前计算各次发出存货成本依据的一种方法。计算公式如下：

存货单位成本 =(原有库存存货实际成本 + 本次进货实际成本) ÷
(原有库存存货数量 + 本次进货数量)

本次发出存货成本 = 本次发货数量 × 本次发货前存货单位成本

本月月末库存存货成本 = 月末库存存货数量 × 本月月末存货单位成本

移动加权平均法计算出来的存货成本比较均衡和准确。但计算的工作量大，适用范围一般是经营品种不多，或者前后购进商品的单价相差幅度较大的商品流通类企业。

（4）个别计价法：采用这一方法是假设存货的成本流转与实物流转相一致，明确各种存货，逐一辨认各批发出的存货和期末的存货所属的购进批别或生产批别，分别按其购入或生产时所确定的单位成本作为计算各批发出存货和期末存货成本的一种方法。在这种方法下，是把每一种存货的实际成本作为基础计算发出存货成本和期末存货成本的。

这种方法的优点是计算发出存货的成本和期末存货的成本比较合理、准确。缺点是实务操作的工作量繁重，困难较大。所以这种方法适用于容易识别、存货品种数量不是很多、单位成本较高的存货计价。例如，珠宝、名画等贵重物品。

2. 计划成本法下发出存货的计价。计划成本法下发出存货的成本计算可分为三个步骤。

（1）计算发出存货的计划成本。

发出存货的计划成本 = 发出存货的数量 × 发出存货的计划单价

（2）计算发出存货应负担的成本差异。

发出存货应负担的材料成本差异率 =(±月初结存的材料成本差异 ±
本月购进的材料成本差异) ÷ (月初结存的计划成本 + 本月购进的计划成本)

差异率为正数，表示超支差异；差异率为负数，表示节约差异。

发出存货应负担的成本差异 = 发出存货的计划成本 ×(±材料成本差异率)

（3）发出存货的实际成本。

发出存货实际成本 = 发出存货计划成本 + 发出存货应负担的成本差异

二、原材料的核算

原材料是企业存货的主要组成部分，其计价方法可选择实际成本计价，也可选择计划成本计价。

（一）原材料按实际成本计价核算

1. 主账户设置。采用实际成本法核算，使用的会计科目有"原材料""在途物资""应付账款""预付账款"等。

第一，"在途物资"账户，资产类，增加计入借方，减少计入贷方，期末余额在借方。本账户核算企业采用实际成本（或进价）进行材料、商品等物资的日常核算，已取得发票账单但物资尚未验收入库的购入材料或商品的实际采购成本。

第二，"原材料"账户，资产类，增加计入借方，减少计入贷方，期末余额在借方。本账户在实际成本法下，核算实际成本，原材料借方登记入库材料的实际成本，贷方登记发出材料的实际成本，期末余额在借方，反映企业库存材料的实际成本。

2．具体核算。

（1）原材料采购及入库的核算：①取得发票账单并且材料验收入库，应按相关采购发票账单，借记"原材料"和"应交税费——应交增值税（进项税额）"账户，贷记"银行存款"等账户；②取得发票账单，材料尚未验收入库，应按相关采购发票账单，借记"在途物资"和"应交税费——应交增值税（进项税额）"等账户，贷记"应付账款"等账户。待验收入库时再将"在途物资"账户结转计入"原材料"账户；③尚未取得发票账单，材料已经验收入库，月内不作账务处理，月末仍未收到相关发票等凭证（按照暂估价入账），应借记"原材料"账户，贷记"应付账款"账户。下月初进行相反分录予以冲回，收到相关发票账单后再编制相关会计分录。

（2）原材料出库的核算：月末根据当期"领料单"和"限额领料单"编制"发料凭证汇总表"并据此进行账务处理。借方科目，根据原材料的使用部门及用途，生产车间生产产品领用计入"生产成本"账户。生产车间一般耗用计入"制造费用"账户，行政管理部门一般耗用计入"管理费用"账户，企业销售部门领用计入"销售费用"账户，贷记"原材料"账户。记账金额按发出存货的4种计价方法，选取其中一种确定，方法一经选定不得随意变更，主要是为保证会计信息质量要求的可比性。

（二）原材料按计划成本计价核算

1. 主账户设置。采用计划成本法核算，使用的会计科目主要有"材料采购""原材料"和"材料成本差异"。计划成本法核算流程图如图2-2所示。

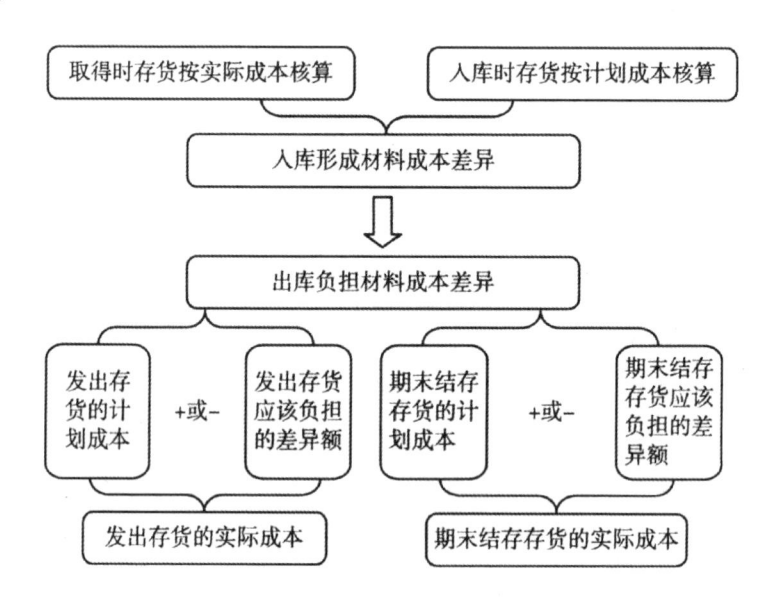

图2-2 计划成本法下材料成本差异运用的理解简图

第一，"材料采购"账户，资产类，增加计入借方，减少计入贷方，期末余额在借方。借方登记企业采购材料的实际成本和原材料入库产生的节约差；贷方登记入库材料的计划成本和原材料入库产生的超支差；期末余额，反映企业在途材料的实际采购成本。

第二，"原材料"账户，资产类，增加计入借方，减少计入贷方，期末余额在借方。计划成本法下，借方登记入库材料的计划成本，贷方登记发出材料的计划成本，期末余额，反映企业库存材料的计划成本。

第三,"材料成本差异"账户,资产类,本账户属于"原材料"账户的备抵附加调整账户。反映企业入库各种材料的实际成本与计划成本的差异,借方登记的是入库产生的超支差异及发出材料应负担的节约差异;贷方登记的是入库产生的节约差异及发出材料应负担的超支差异。期末如为借方余额,反映企业库存材料的实际成本大于计划成本的差异(即超支差异);如为贷方余额,反映企业库存材料实际成本小于计划成本的差异(即节约差异)。

2. 具体核算。

(1) 原材料采购及入库的核算。

第一,取得发票账单并且材料验收入库。在购入原材料时,按发票账单的实际结算金额,借记"材料采购"账户和"应交税费——应交增值税(进项税额)"账户,贷记"银行存款"等账户。

当原材料验收入库时,按原材料的计划成本,借记"原材料"账户,贷记"材料采购"账户;同时将实际成本与计划成本产生的差异记入"材料采购"账户和"材料成本差异"账户。

第二,取得发票账单,材料尚未验收入库。应按相关采购发票账单,借记"材料采购"和"应交税费——应交增值税(进项税额)"等账户,贷记"应付账款"等账户。待验收入库时再将"材料采购"账户结转计入"原材料"和"材料成本差异"账户。

第三,尚未取得发票账单。材料已经验收入库月内不做账务处理,月末仍未收到相关发票等凭证(按照计划成本入账),应借记"原材料"账户,贷记"应付账款"账户。下月初进行相反分录予以冲回,收到相关发票账单后再编制相关会计分录。

(2) 原材料出库的核算:月末根据当期"领料单"和"限额领料单"编制"发料凭证汇总表"并据此进行账务处理。借方科目,根据原材料的使用部门及用途,生产车间生产产品领用计入"生产成本"账户;生产车间一般耗用计入"制造费用"账户;行政管理部门一般耗用计入"管理费用"账户;企业销售部门领用计入"销售费用"账户;贷记"原材料"账户。记账金额为计划成本；根据材料成本差异率，计算发出材料应负担的成本差异，做出调整分录，一方计入"生产成本""制造费用""管理费用""销售费用"等账户，另一方计入"材料成本差异"账户。

三、周转材料核算

（一）包装物

包装物是指为了包装企业商品而储备的各种包装容器，例如，桶、箱、瓶、坛、袋等。一般为一次性使用，若为多次使用的包装物也可根据使用次数进行摊销。

（二）低值易耗品

1. 核算内容。作为存货核算和管理的低值易耗品，一般划分为一般工具、专用工具、替换设备、管理用具、劳动保护用具和其他用具等：①一般工具，是指在生产中常用的工具，如刀具、量具、装配工具等；②专用工具，是指专门用于制造某一特定产品，或在某一特定工序上使用的工具，如专用模具等；③替换设备，是指容易磨损或为制造不同产品需要替换使用的各种设备，如轧钢用的钢辊等；④管理用具，是指为了安全生产而发给工人作为劳动保护用的工作服、工作鞋和各种防护用品等；⑤其他，是指不属于上述各类的低值易耗品。

2. 低值易耗品的特点。包括：①反复使用不改变实物形态；②使用寿命核算期间在1年以内（含1年）。这一特点是其与"固定资产"核算的主要区别。

四、委托加工物资

委托加工是指由委托方提供原料及主要材料，受托方只提供加工劳务，代垫辅助材料的经济业务。委托方应提供原料及主要材料的入库及出库手续。若由受托方提供原料及主要材料，或由受托方采购原料及主要材料再提供给委托方，均不属于委托加工经济业务。若属于委托加工业务，仅以加工费为计税依据，计算缴纳增值税。

(一) 增值税

委托方为购进委托加工劳务方，依据加工费和相应的增值税税率确认增值税的进项税额；受托方为销售委托加工劳务方，依据加工费和相应的增值税税率确认增值税的销项税额。

(二) 消费税

若委托加工的对象为应纳消费税的应税行为，还应缴纳消费税。委托方为消费税的负担主体，应向受托方结算本环节应缴纳的消费税；受托方为该环节消费税的扣缴义务人，在该环节代扣代缴消费税与税务机关结算。

五、库存商品

库存商品是指企业已完成全部生产过程并已验收入库、合乎标准规格和技术条件，可以按照合同规定的条件送交订货单位，或可以作为商品对外销售的产品，以及外购或委托加工完成验收入库用于销售的各种商品。

库存商品包括库存产成品、外购商品、存放在门市部准备出售的商品、发出展览的商品、寄存在外的商品、接受来料加工制造的代制品和为外单位加工修理的代修品等。已完成销售手续、但购买单位在月末未提取的产品，不应作为库存商品，而应作为代管商品处理，单独设置代管商品备查簿进行登记。

企业接受来料加工制造的代制品和为外单位加工修理的代修品，在制造和修理完成验收入库后，视同本企业的产成品，也通过"库存商品"科目核算。本科目可按库存商品的种类、品种和规格等进行明细核算。

(一) 制造企业库存商品的核算

制造型企业的库存商品一般为自己加工制造完成，生产的产成品应按实际成本核算，产成品的入库和出库，平时只登记数量不记产成品的金额，期（月）末计算入库产成品的实际成本。对于生产完成验收入库的产成品，按照其实际成本，借记"库存商品"账户，贷记"生产成本"账户。当期出库的商品，根据"商品出库单"等原始凭证，借记"主营业务成本"等账户，贷记"库存商品"账户。另外采用计划成本核算的，发出商品还应结转产品成本差异，将发出产成品的计划成本调整为实际成本。

企业产成品种类较多的，也可按计划成本进行日常核算。其实际成本与计划成本的差异，可以单独设置"产品成本差异"科目，原理比照"材料成本差异"科目核算。采用实际成本进行产成品日常核算的，发出产成品的实际成本，可以采用先进先出法、加权平均法或个别认定法来计算确定。

（二）商业企业库存商品的核算

商业企业库存商品一般为外购形成。购入商品采用进价核算的，在商品到达验收入库后，按商品进价，应借记"库存商品"科目，贷记"银行存款""在途物资"等账户。如果是委托外单位加工收回的商品，按商品进价，借记"库存商品"科目，贷记"委托加工物资"科目。

购入商品采用售价核算的，在商品到达验收入库后，按其商品售价，借记"库存商品"科目；按商品进价，贷记"银行存款""在途物资"等科目；商品售价与进价的差额应贷记"商品进销差价"科目。委托外单位加工收回的商品，按商品售价，借记"库存商品"科目；委托加工商品的账面余额应贷记"委托加工物资"科目；按商品售价与进价的差价额，贷记"商品进销差价"科目。

企业销售商品确认收入时，应结转其销售成本，借记"主营业务成本"等科目，贷记"库存商品"科目。采用进价进行商品日常核算的，发出商品的实际成本可以采用先进先出法、加权平均法或个别认定法来计算确定。采用售价核算的，还应结转应分摊的商品进销差价。商品销售成本的确定方法一般有两种。

1. 毛利率法。毛利率法是指根据本期销售净额乘以上期实际（或本期计划）毛利率来匡算本期销售毛利，并据以计算发出存货和期末存货成本的一种方法。

计算公式如下。

(1) 已销商品的成本 = 销售收入净额 × (1 − 毛利率)

销售净额：商品销售收入 − 销售退回与折让

(2) 期末结存商品成本 = 期初结存商品成本 + 本期入库商品成本 −

本期销售商品成本

这种方法适用于商业批发企业，因为同类商品的毛利率大致相同，采用这种存货计价方法既能减轻工作量，也能满足对存货管理的需要。

2．售价金额核算法。售价金额核算法是指平时商品的购入、加工收回、销售均按售价记账，售价与进价的差额应通过"商品进销差价"科目核算，商品进销差价的实质就是毛利率。期末计算进销差价率和本期已售商品应分摊的进销差价，并据以调整本期销售成本的一种方法。计算公式如下：

商品进销差价率 = (期初结存商品进销差价 + 本期入库商品进销差价) ÷

(期初结存商品售价 + 本期入库商品售价) × 100%

(1) 已销商品的成本 = 销售收入净额 × (1 − 商品进销差价率)

销售净额 = 商品销售收入 − 销售退回与折让

(2) 期末结存商品成本 = 期初结存商品进价 + 本期入库商品进价 −

本期销售商品成本

这种方法适用于零售企业，因为零售企业要求按商品零售价格标价，采用该方法更简单。

六、存货清查

存货清查是指通过对存货的实地盘点，确定存货的实有数量，并与存货的账面结存数核对，从而确定存货实存数与账面结存数是否相符的一种专门方法。存货清查的方法一般采用实地盘点法。存货清查按照清查的对象和范围不同，分为全面清查和局部清查。按清查时间分为定期清查与不定期清查。

存货清查核算一般分为两个步骤：第一步，批准处理前将存货账面数调整为实际数；第二步，批准处理后或月末，结转"待处理财产损溢"账户至相关账户。

第一，存货盘盈处理时，依据"实存账存对比表"，借记"原材料"等科目，贷记"待处理财产损溢——待处理流动资产损溢"账户；批准处理后或月末，借记"待处理财产损溢——待处理流动资产损溢"账户，贷记"管理费用"账户。

第二，存货盘亏处理时，依据"实存账存对比表"，借记"待处理财产损溢——待处理流动资产损溢"账户，贷记"原材料"和"应交税费——应交增值税（进项税额转出）"账户；进项税转出详解如图2-3，批准处理后或月末，借记"其他应收款"（保险公司或责任人赔偿）、"原材料"（残料入库）、"管理费用"（一般原因损失和定额内损耗）、"营业外支出"（自然灾害等非常损失），贷记"待处理财产损溢——待处理流动资产损溢"账户。

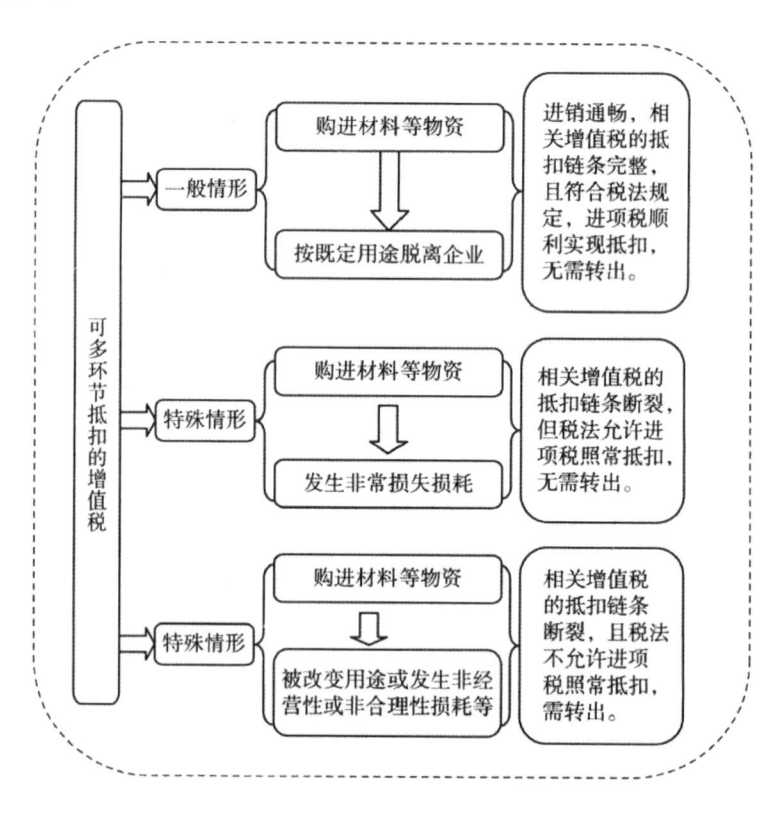

图2-3 进项税转出注释简图（一般纳税人）

(二) 存货减值迹象的判断

第一，存货存在下列情况之一的，表明存货的可变现净值低于成本：①该存货的市场价格持续下跌，并且在可预见的未来无同升的希望；②企业使用该项原材料生产的产品成本大于产品的销售价格；③企业因产品更新换代，原有库存原材料已不适应新产品的需要，而该原材料的市场价格又低于其账面成本；④因企业所提供的商品或劳务过时或消费者偏好改变而使市场的需求发生变化，导致市场价格逐渐下跌；⑤其他足以证明该项存货实质上已经发生减值的情形。

第二，存货存在下列情形之一的，表明存货的可变现净值为零：①已霉烂变质的存货；②已过期且无转让价值的存货；③生产中不需要，并且已无使用价值和转让价值的存货；④其他足以证明已无使用价值和转让价值的存货。

第二节 货币资金

一、库存现金

(一) 现金的含义

现金是货币资金的重要组成部分，是流动性最强的一种货币性资产。是立即可以投入流通的交换媒介，可以随时用其购买所需物资，支付有关费用，偿还债务，也可以随时存入银行。现金的概念有广义和狭义之分，广义的现金是指除了库存现金外，还包括银行存款和其他符合现金定义的票证。这里所指为狭义的现金即企业的库存现金。

(二）现金管理的主要内容

1. 现金的使用范围。库存现金是指存放于企业财会部门，由出纳人员经管的货币资金。

根据国家现金管理制度和结算制度的规定，企业收支的各种款项，必须按照国务院颁发的《现金管理暂行条例》的规定办理，在规定的范围内使用现金，允许企业使用现金结算的范围如下：①职工工资、津贴；②个人劳务报酬；③根据国家规定颁发给个人的科学技术、文化艺术、体育等各种奖金；④各种劳保、福利费用，以及国家规定的对个人的其他支出；⑤向个人收购的农副产品和其他物资支付的价款；⑥出差人员必须随身携带的差旅费；⑦结算起点（人民币1000元）以下的零星支出；⑧中国人民银行确定需要支付库存现金的其他支出。

属于上述现金结算范围的支出，企业可以根据需要从银行提取现金支付，不属于上述规定范围的款项支付应通过银行进行转账结算。

2. 库存现金的限额。包括：①现金的库存限额是指由开户银行核定的企业现金的库存最高额度；②现金的库存限额由开户单位提出申请，由开户银行审查核定；③现金的库存限额原则上根据企业3~5天的日常零星现金开支的需要确定。边远地区和交通不发达地区可以适当放宽，但最多不超过15天；④企业每日的现金结存数，不得超过核定的限额，超过部分必须及时送存银行；不足限额时，可签发现金支票向银行提取现金补足；⑤库存现金限额一般每年核定一次，单位因生产和业务发展、变化需要增加或减少库存限额时，可向开户银行提出申请，经批准后，方可进行调整，单位不得擅自超出核定限额增加库存现金。

3. 现金日常收支的管理。在企业所拥有的资产中，现金的流动性最大，最容易被挪用或侵占。因此，企业必须加强对现金的管理，以提高其使用效率，保护其完整、安全：①企业现金的收入应于当日送存银行，当日送存银行确有困难的，由开户银行确定送存时间；②企业收支现金时，可以从本单位库存现金限额中支付或者从开户银行提取，不得坐支现金。

所谓坐支，就是指企业从本单位现金收入中直接支付现金的行为。因特殊情况需要坐支现金的，应当先报开户银行审核批准，由开户银行核定坐支范围和限额。未经银行批准不得擅自坐支现金；③企业签发现金支票从开户银行提取现金，应当写明用途，由本单位财会部门负责人签字盖章，经开户银行审核后，予以支付现金；④企业因采购地点不固定、交通不便利以及其他特殊情况必须使用现金的，应向开户银行提出申请，经开户银行审核后，予以支付现金；⑤对现金收支应定期或者不定期进行清查，以做到账款相符。不得"白条顶库"；不得谎报用途套取现金；不准用银行账户代其他单位和个人存入和支取现金；不准用单位收入的现金以个人名义存入储蓄（公款私存）；不准保留账外公款（小金库）。

（三）库存现金的清查

为了保证现金的安全完整，企业应当按规定对库存现金进行定期和不定期的清查。库存现金的清查是指对库存现金的盘点和核对。

1. 库存现金的清查意义。这是对库存现金进行盘点与账面进行核对，检查账实是否相符。

2. 库存现金的清查目的。这是为了保证账款相符，防止现金丢失和收支记账时发生差错以及贪污盗窃和挪用公款等违法行为。

3. 清查方法。实地盘点法，包括出纳人员每日终了的清点和清查小组进行的定期和不定期的盘点与核对。

4. 清查结果。将现金日记账的余额与库存现金实际数进行比较。若账实不符，查找原因，编写"库存现金盘点报告表"，并据以进行账务处理。

二、银行存款

（一）银行存款的意义

按照国家有关规定，凡是独立核算的企业都必须在当地银行开设账户；企业在银行开设账户以后，除按核定的限额保留库存现金外，超过限额的现金必须存入银行；除了在规定的范围内可以用现金直接支付外，在经营过程中所发生的其他货币收支业务，都应该通过银行存款账户进行结算。

银行存款是指企业存入银行或其他金融机构账户上的货币资金。

（二）银行存款的管理

1. 银行存款账户的分类。企业银行存款账户依据用途不同可以分为基本存款账户、一般存款账户、临时存款账户、专用存款账户等。

（1）基本存款账户：基本存款账户是指企业办理日常转账结算和现金收付的账户。企业的工资、奖金等现金的支取，只能通过该账户办理。

（2）一般存款账户：一般存款账户是指企业因借款或者其他结算需要，在基本存款账户开户银行以外的银行营业机构开立的银行结算账户。只能办理转账结算和现金缴存，不能支取现金。开立基本存款账户的存款人都可以开立一般存款账户。开立一般存款账户，实行备案制，无须中国人民银行核准。

（3）临时存款账户：临时存款账户是指企业因临时生产经营活动的需要而开立的账户，企业可以通过本账户办理转账结算和根据国家现金管理规定办理现金收付。企业暂时性的转账、现金收付业务可以通过本账户结算。如异地产品展销、临时性采购资金等。

（4）专用存款账户：专用存款账户是指企业因特定用途需要所开立的账户，办理各项专用资金的收付。如基本建设资金、住房基金、社会保障基金等。合格境外机构投资者在境内从事证券投资开立的人民币特殊账户和人民币结算资金账户（简称QFII专用存款账户）纳入专用存款账户管理。

中国人民银行对于基本存款账户、临时存款账户（因注册验资和增资验资而开立的除外）、预算单位专用存款账户和QFII专用存款账户实行核准制度。企业在银行开立账户后，可到开户银行购买各种银行往来使用的凭证（如现金支票、转账支票、进账单、送款簿等），用以办理银行存款的收付。

存款人因主体资格终止撤销银行结算账户的，应先撤销一般存款账户、专用存款账户、临时存款账户，将账户资金转入基本存款账户后，方可办理基本存款账户的撤销。

2. 银行存款账户的设立和结算纪律。企业通过银行存款账户办理资金收付时，必须做到以下几点：①一个企业只能选择一家银行的一个营业机构开立一个基本存款账户，不得在多家银行开立基本存款账户；②企业银行存款账户，只供本企业业务经营范围内的资金收付，不准出租或出借给其他单位或个人使用；③各种收付款凭证，必须如实填写款项来源或用途，不得巧立名目，弄虚作假；不得套取现金，套购物资；严禁利用账户搞非法活动；④在办理结算时，不准签发没有资金保证的票据或远期支票，套取银行信用；不准签发、取得和转让没有真实交易和债权债务的票据，套取银行和他人资金；不准无理拒付、任意占有他人资金；不准违规开立和使用账户；⑤及时、正确地记录银行往来账务，并及时与银行寄来的对账单进行核对，发现不符，尽快查对清楚。

（三）银行结算方式

根据中国人民银行结算办法规定，目前我国企业发生的货币资金业务主要采用以下几种结算方式，通过银行办理转账结算。

1. 银行汇票。

（1）定义：银行汇票是出票银行签发的，由其在见票时按照实际结算金额无条件支付给收款人或者持票人的票据。银行汇票可以用于转账，填明"现金"字样的银行汇票也可以用于支取现金。

（2）适用范围：同城和异地的单位和个人进行款项结算时，均可使用银行汇票。

（3）银行汇票结算的注意事项：①银行汇票一律记名，允许背书转让（填明"现金"字样的除外），背书转让是指在票据上所作的以转让票据权利为目的的书面行为；②银行汇票的提示付款期限为1个月，逾期的汇票兑付银行不予受理；③汇票申请人办理银行汇票，应向签发银行填写"银行汇票委托书"，填明收款人名称、汇票金额、申请人名称、申请日期等事项并签章，签发银行受理并收妥款项后，签发银行汇票交给汇款人；④汇票申请人持银行汇票向填明的收款人办理结算时,应将银行汇票和解讫通知一并交给收款人;⑤收款人受理申请人交付的银行汇票时,应在出票金额内,根据实际需要的款项办理结算,并将实际结算金额和多余金额填入银行汇票和解讫通知的有关栏内;⑥持票人向开户银行提示付款时,应在汇票背面"持票人向银行提示付款签章"处签章,并将银行汇票和解讫通知等送交开户银行,银行审查无误后办理转账。

2．银行本票。

(1) 定义:银行本票是银行签发的,承诺在见票时无条件支付确定金额给收款人或持票人的票据。银行本票可以用于转账,注明"现金"字样的银行本票可以用于支取现金。

(2) 分类:银行本票根据签发金额是否固定,可分为定额银行本票和不定额银行本票2种。定额银行本票面额为1000元、5000元、10000元和50000元。

(3) 适用范围:单位和个人在同一票据交换区域的各种款项的结算可使用本票。

(4) 特点:银行本票一律记名,允许背书转让。但出票人如果记载了"不得转让"字样,该本票不得转让。本票的提示付款期限自出票日起最长不超过2个月。

3．商业汇票。

(1) 定义:商业汇票是出票人(银行以外的企业或者其他组织)签发的,委托付款人在指定日期无条件支付确定的金额给收款人或者持票人的票据。

(2) 分类:商业汇票根据承兑人的不同,分为商业承兑汇票和银行承兑汇票。商业承兑汇票是指出票人记载银行以外的人为付款人,并由付款人予以承兑的票据;银行承兑汇票是指出票人记载银行为付款人,并由付款人(银行)予以承兑的票据。

(3) 适用范围:同城异地均可使用商业汇票。

(4) 注意事项:①商业汇票一律记名,允许背书转让;②商业汇票的付款期限，最长不超过6个月；③商业汇票的提示付款期限，自汇票到期日起10日；④商业汇票的持票人可持未到期的商业汇票连同贴现凭证向银行申请贴现；⑤只有在银行开立存款账户的法人以及其他组织之间，才能使用商业汇票。

4．支票。

（1）定义：支票是出票人签发的，委托银行或其他金融机构见票时无条件支付一定金额给收款人或持票人的票据。

（2）分类：①现金支票，只能支取现金；②转账支票，只能转账；③普通支票，可以支取现金，也可以转账；④划线支票，普通支票在左上角划两条平行线的为划线支票。划线支票只能用于转账，不能用于支取现金。

（3）适用范围：单位和个人在同城和异地的各种款项的结算均可使用支票。

（4）特点：手续简便、结算灵活。

（5）支票结算应注意的问题：①支票一律记名，可以背书转让；②支票的提示付款期限自出票日期10天，中国人民银行另有规定的除外；③支票的金额、收款人名称，可以由出票人授权补记。未补记前不得背书转让和提示付款；④签发支票应使用钢笔或碳素笔填写，中国人民银行另有规定的除外；⑤出票人不得签发空头支票，签发空头支票的，银行除退票外，还应按票面金额处以5%但不低于1000元的罚款；⑥不得签发与其预留银行印章不符的支票；适用支付密码的，不得签发密码错误的支票；⑦存款人领购支票，必须填写"票据和结算凭证领用单"并签章，签章应与预留银行的签章相符。存款账户结清时，必须将全部剩余空白支票交回银行注销。

5．汇兑。

（1）定义：汇兑结算方式是汇款人（付款企业）委托银行将其款项支付给收款人的结算方式。这种结算方式划拨款项简便、灵活，不受金额起点的限制。

（2）分类：汇兑分为信汇、电汇两种。信汇是指汇款人委托银行通过邮寄方式将款项转给收款人；电汇是指汇款人委托银行通过电报或其他电子方式将款项划转给收款人，两种方式可由汇款人根据需要选择使用。

（3）适用范围：适用于单位和个人异地之间的各种款项的结算。

6. 委托收款。

（1）定义：委托收款是由收款人向其开户银行提供收款依据，委托银行向付款人收取款项的一种结算方式。

（2）分类：委托收款结算款项的划回方式，分邮寄和电报两种，由收款人选用，不受金额起点的限制。

（3）适用范围：同城、异地均可以使用。

（4）注意事项：付款单位收到银行交给的委托收款凭证及债务证明，应签收并在3日内审查债务证明是否真实，确认之后通知银行付款。如未通知银行，银行视同企业同意付款，并在第4日银行开始营业时，将款项主动划给收款人开户银行。

7. 托收承付。

（1）定义：托收承付是根据购销合同由收款人发货后委托银行向异地付款人收取款项，由付款人向银行承认付款的一种结算方式。

（2）分类：托收承付结算款项的划回办法，分邮寄和电报两种。托收承付结算每笔的金额起点为10000元，新华书店系统每笔的金额起点为1000元。

（3）适用范围：①使用托收承付结算方式的收款单位和付款单位，必须是国有企业、供销合作社以及经营管理较好，并经开户银行审查同意的城乡集体所有制工业企业；②办理托收承付的款项，必须是商品交易，以及因商品交易而产生的劳务供应的款项。代销、寄销、赊销商品的款项，不得办理托收承付结算；③收付双方使用托收承付结算必须签有符合《中华人民共和国合同法》规定的买卖合同，并在合同上确定使用异地托收承付结算方式；④收款人办理托收，必须具有商品确已发运的证件（包括铁路、航运、公路等运输部门签发的运单等）。没有发运证件，可凭其他相关证件办理；⑤收付双方办理托收承付结算，必须重合同、守信用。

（4）托收承付结算方式分为托收和承付两个阶段：①托收。销货单位按合同发运商品，办妥发货手续后，根据发货票、代垫运杂费单据等填制"托收承付结算凭证"，连同发货票、运单一并送交开户银行办理托收。开户银行接到托收凭证及其附件后，应认真进行审查。对审查无误，同意办理的，应将托收凭证的回单联盖章后退回销货单位；②承付。购货单位收到银行转来的托收承付结算凭证及所附单证后，应在规定的承付期内审查核对，分为验单付款和验货付款两种。验单付款承付期为3天，从付款人开户银行发出承付通知的次日算起。验货付款的承付期为10天，从运输部门向付款人发出提货通知的次日算起。

（5）拒绝付款的处理（付款人在承付期内，对于如下情况，可向银行提出全部或部分拒绝付款）：①没有签订买卖合同或未订明托收承付结算方式买卖合同的款项；②未经双方事先达成协议，收款人提前交货或因逾期交货，付款人不需要该项货物的款项；③未按合同规定的到货地址发货的款项；④代销、寄销、赊销商品的款项；⑤验单付款，发现所列货物的品种、数量、价格与合同规定不符；或验货付款，经查验货物与合同规定或发货清单不符的款项；⑥货款已经支付或计算有错误的款项。

付款人对以上情况提出拒绝付款时，必须填写"拒绝付款理由书"，并加盖单位公章，注明拒绝付款理由。开户银行经审查，认为拒付理由不成立，均不受理，应实行强制扣款。

8．信用证。

（1）定义：信用证是指开证行依照申请人的申请开出的，凭符合信用证条件的单据支付的付款承诺，并明确规定为不可撤销、不可转让的跟单信用证。

（2）适用范围：信用证结算方式是国际结算的一种主要方式。经中国人民银行批准经营结算业务的商业银行总行，以及经商业银行总行批准开办信用证结算业务的分支机构，也可以办理国内企业之间商品交易的信用证结算业务。

（3）特点：①信用证与作为其依据的买卖合同相互独立。银行处理信用证业务时，不受买卖合同的约束；②信用证一般为不可撤销、不可转让的跟单信用证。"不可撤销"是指信用证开具后在有效期内，非经信用证各有关当事人（即开证行、开证申请人和受益人）的同意，开证行不得修改或者撤销。"不可转让"是指受益人不能将信用证的权利转让给他人；③信用证付款方式为即期付款、延期付款和议付。延期付款期限最长不得超过6个月；④信用证只用于转账结算，不得支取现金。

采用信用证结算方式的，收款单位收到信用证后，即备货装运，签发有关发票账单，连同运输单据和信用证送交银行，根据退还的信用证等有关凭证编制收款凭证；付款单位在接到开证行的通知时，根据付款的有关单据编制付款凭证。

9．银行卡。

（1）定义：银行卡是由商业银行（含邮政金融机构）向社会发行的具有消费信用、转账结算、存取现金等全部或部分功能的信用支付工具。

（2）分类。

第一，银行卡按照是否给予持卡人授信额度，分为信用卡和借记卡：①信用卡分为贷记卡和准贷记卡。贷记卡是发卡银行给予持卡人一定信用额度，持卡人可在信用额度内先消费、后还款；准贷记卡是持卡人须先交存一定金额的备用金，当备用金账户余额不足支付时，可在发卡银行规定的信用额度内透支；②借记卡分为转账卡、专用卡和储值卡。转账卡具有转账结算、存取现金和消费功能；专用卡具有专门用途，在特定区域使用，具有转账结算、存取现金功能；储值卡是发卡银行根据持卡人要求将资金转至卡内储存，交易时直接从卡中扣款。

第二，银行卡按使用对象分为单位卡和个人卡：凡申领单位卡的单位，必须在中国境内金融机构开立基本存款账户，凭中国人民银行核发的开户许可证申领单位卡。单位卡的资金一律从其基本存款账户转账存入，不得交存现金，不得将销货收入的款项存入其账户。单位卡不得用于10万元以上的商品交易、劳务供应款项结算。单位卡一律不得透支，不得支取现金。

10．电子支付。

（1）定义：电子支付是指单位、个人（即客户）直接或授权他人通过电子终端发出支付指令，实现货币支付与资金转移的行为。这里的"电子终端"是指客户可用以发起电子支付指令的计算机、电话、销售点终端、自动柜员机、移动通信工具或其他电子设备。

（2）特点：与传统支付方式相比，电子支付具有虚拟性、开放性、快捷性的特点。

（3）种类：①网上支付。是指通过互联网完成支付的行为和过程，通常仍须以银行为中介；②移动支付。指利用移动电话采取编发短信或拨打某个号码的方式实现支付。移动支付系统主要涉及消费者、商家和无线运营商。

三、其他货币资金

（一）其他货币资金的含义

其他货币资金是指企业除库存现金、银行存款外的各种货币资金。

（二）其他货币资金的种类

1．外埠存款。外埠存款是指企业到外地进行临时或零星采购时，汇往采购地银行开立采购专户的款项。企业汇出款项时，须填写汇款委托书，加盖"采购资金"字样。汇入银行对汇入的采购款项，以汇款单位名义开立临时采购账户。该账户存款不计利息、只付不收、付完注销。除采购员差旅费用可以支取少量现金外，其他支出一律转账。

2．银行汇票存款。银行汇票存款是指企业为取得银行汇票，按照规定存入银行的款项。除支取少量现金外，一律转账。

3．银行本票存款。银行本票存款是指企业为取得银行本票，按照规定存入银行的款项。银行本票和银行汇票的核算程序和核算方法基本相同。可以支取少量的现金，其余一律转账。

4．信用卡存款。信用卡存款是指为取得信用卡存入银行信用卡专户的款项。信用卡是银行卡的一种。

5. 信用证保证金存款。信用证存款是指采用信用证结算方式的企业为开具信用证而存入银行信用证保证金专户的款项。企业向银行申请开立信用证，应按规定向银行提交开证申请书、信用证申请人承诺书和购销合同。

6. 存出投资款。存出投资款是指企业为购买股票、债券、基金等，根据有关规定存入在证券公司指定银行开立的投资款专户的款项。

第三节　固定资产

一、固定资产概述

（一）固定资产的概念与特征

固定资产是指同时具有下列特征的有形资产：为生产商品、提供劳务、出租或经营管理而持有的；使用寿命超过一个会计年度。

从这一定义可以看出，作为企业的固定资产应具备以下特征。

1. 固定资产是有形资产。固定资产具有实物特征，是固定资产最基本的特征，这一特征将固定资产与无形资产区分开来。有些无形资产可能同时符合固定资产的其他特征，如无形资产为生产商品、提供劳务而持有，使用寿命超过一个会计年度，但是，由于其没有实物形态，所以不属于固定资产。

2. 为生产商品、提供劳务、出租或经营管理而持有。企业持有固定资产的目的，是为了生产商品、提供劳务、出租或经营管理的需要，而不像商品一样为了对外出售。这一特征是固定资产区别于商品等流动资产的重要标志。

3．使用寿命超过一个会计年度。企业使用固定资产的期限较长，使用寿命一般超过一个会计年度。这一特征表明企业固定资产的收益期超过1年，能在1年以上的时间里为企业创造经济利益。这一特征将固定资产与低值易耗品的核算区分开来。

(二) 固定资产的确认

固定资产作为企业很重要的一项资产，在满足了固定资产定义的同时，还应同时满足下列条件。

1．与该固定资产有关的经济利益很可能流入企业。资产最重要的特征是预期会给企业带来经济利益。企业在确定固定资产时，需要判断与固定资产所有权相关的经济利益是否很有可能流入企业。如果与该项固定资产有关的经济利益很可能流入企业，并同时满足固定资产确认的其他条件，那么企业应将其确认为固定资产；否则不应将其确认为固定资产。

在实务中，判断固定资产包含的经济利益是否可能流入企业，主要是依据与该固定资产所有权相关的风险和报酬是否转移到了本企业。通常取得所有权是判断与固定资产所有权相关的风险和报酬转移到企业的一个重要标志。有时企业虽不能取得固定资产的所有权，但与该资产相关的风险和报酬实质上已经转移到企业，也认为符合第一个条件，如融资租入固定资产。

2．该固定资产的成本能够可靠地计量。成本能够可靠地计量，是资产确认的一项基本条件。固定资产作为企业资产的重要组成部分，要予以确认，其为取得该固定资产而发生的支出也必须能够可靠计量。例如，企业购买一项固定资产，价款为10万元，税额为1.7万元，0.3万元的运输安装费。此时，固定资产成本就能够可靠地计量，总共12万元，这12万元都需要计入固定资产的成本。另外，企业在确定固定资产成本时必须取得确凿证据，但是，有时需要根据所获得的最新资料，对固定资产的成本进行合理估计。例如，建造某项固定资产，已达到预计可使用状态，但未办理竣工决算，需要根据工程预算、工程造价或者工程实际发生的成本资料，按估计价值确定其成本，可以认定为是资产，待办理了竣工决算手续后再按照实际成本调整原来的暂估价值。值得注意的是已提取的折旧不作调整。

在实务中，对于固定资产，在进行确认时还需要注意以下问题：①固定资产各组成部分具有不同使用寿命或以不同方式为企业提供经济利益，适用不同折旧率或折旧方法的，应当分别将各组成部分确认为单项固定资产；②与固定资产有关的后续支出，满足固定资产确认条件的，应当计入固定资产成本；不满足固定资产确认条件的，应当在发生时计入当期损益。

（三）固定资产的分类

企业的固定资产种类繁多、规格不一，为加强管理，便于组织会计核算，有必要对其进行科学、合理的分类。根据不同管理需要和核算要求以及不同的分类标准，可以对固定资产进行不同的分类，主要有以下几种分类方法。

1. 按经济用途分类。按固定资产的经济用途分类，可分为生产经营用固定资产和非生产经营用固定资产。

（1）生产经营用固定资产：是指直接服务于企业生产、经营过程的各种固定资产，如生产经营用的房屋、建筑物、机器、设备、器具、工具等。

（2）非生产经营用固定资产：是指不直接服务于生产、经营过程的各种固定资产，如职工宿舍等使用的房屋、设备和其他固定资产等。

2. 按使用情况分类。按固定资产使用情况分类，固定资产可分为使用中的固定资产、未使用的固定资产和不需用的固定资产、租出固定资产和融资租入固定资产。

（1）使用中的固定资产：是指正在使用中的经营性和非经营性的固定资产。由于季节性经营或大修理等原因，暂时停止使用的固定资产仍属于企业使用中的固定资产；企业采用经营租赁方式出租给其他单位使用的固定资产和内部替换使用的固定资产，也属于使用中的固定资产。

（2）未使用的固定资产：是指已完工或已购建的尚未交付使用的新增固定资产以及因进行改建、扩建等原因暂停使用的固定资产。如企业购建的尚待安装的固定资产、经营任务变更停止使用的固定资产等。

（3）不需用的固定资产：是指本企业多余或不适用，需要处理的各种固定资产。

（4）租出固定资产：是指在经营租赁方式下出租给其他单位或个人使用的固定资产。

（5）融资租入固定资产：企业以融资租赁方式租入的固定资产。融资租赁是指实质上转移了与资产所有权有关的全部风险和报酬的租赁。其所有权最终可能转移，也可能不转移。

3. 综合分类。按固定资产的经济用途和使用情况等综合情况分类，可把企业的固定资产划分为7大类：①生产经营用固定资产；②非生产经营用固定资产；③租出固定资产（指在经营租赁方式下出租给外单位使用的固定资产）；④不需用固定资产；⑤未使用固定资产；⑥土地（指过去已经估价单独入账的土地。因征地而支付的补偿费，应计入与土地有关的房屋、建筑物的价值内，不单独作为土地价值入账。企业取得的土地使用权，应作为无形资产管理，不作为固定资产管理）；⑦融资租入固定资产（指企业以融资租赁方式租入的固定资产，在租赁期内，应视同自有固定资产进行管理）。

二、固定资产取得

固定资产的初始计量是对取得的固定资产运用恰当的会计计量属性对其价值进行记录。固定资产的取得方式主要包括外购、自行建造、接受投资、融资租入、债务重组等。[1]

（一）外购固定资产

企业外购的固定资产，应按照实际取得的成本入账，其成本包括购买价款、相关税费（一般纳税人允许抵扣的增值税的进项税额除外）、使固

---

[1]李娜.固定资产的初始计量[J].农村财务会计，2021（11）：6.

定资产达到预定可使用状态前所发生的可归属于该项资产的运输费、装卸费、安装费和专业人员的服务费等。

1. 购入不需要安装的固定资产。不需要安装的固定资产是指企业购入的固定资产不需要安装就可以直接使用。企业应按购入固定资产时实际支付的购买价款、使固定资产达到预定可使用状态前所发生的可归属于该项资产的运输费、装卸费、专业人员的服务费和其他相关税费等。作为固定资产成本，借记"固定资产"科目，如取得了合法的增值税扣税凭证，允许其抵扣进项税额，还应借记"应交税费——应交增值税（进项税额）"，贷记"银行存款""应付账款"等科目。

2. 购入需要安装的固定资产。如果企业以一笔款项购入多项没有单独标价的固定资产，应当按照各项固定资产的公允价值比例对总成本进行分配，分别确定各项固定资产的成本。

需要安装的固定资产，是指购入的固定资产需要经过安装以后才能交付使用。企业购入这类固定时，按实际支付的价款（包括买价、税金、包装费、运输费等），借记"在建工程"科目，贷记"银行存款"等科目；发生的安装费用，借记"在建工程"科目，贷记"银行存款""原材料"等科目；安装完成交付验收使用时，按其实际成本（包括买价、税金、包装费、运输费和安装费等）作为固定资产的原价入账，借记"固定资产"科目，贷记"在建工程"科目。企业外购的固定资产购入成本和以后的安装费先通过"在建工程"账户归集，安装完工后再转入"固定资产"账户。

（二）自行建造固定资产

自行建造的固定资产，按建造该项资产达到预定可使用状态前所发生的全部支出，作为入账价值。在核算时应先记入"在建工程"科目，待达到预定可使用状态时再转入"固定资产"科目。

1. 自营工程。企业通过自营方式建造的以固定资产核算的动产，其入账价值应当按照该项资产达到预定可使用状态前所发生的必要支出确定。

采用自营方式进行的固定资产建造工程，应在"在建工程"科目下按不同的工程项目设置明细科目。工程实际发生的各项支出记入其借方；工程完工，结转工程的实际成本从其贷方转入"固定资产"科目。

企业购入为工程准备的物资等，按购入物资的实际成本，借记"工程物资""应交税费——应交增值税（进项税额）"科目，贷记"银行存款"等科目。企业自营工程领用的工程物资等，按领用物资的实际成本，借记"在建工程——××工程"科目，贷记"工程物资"等科目。自营工程发生的其他费用（如支付职工工资等），按实际发生额，借记"在建工程——××工程"科目，贷记"银行存款"等科目；自营工程完工并交付使用时，按实际发生的全部支出，借记"固定资产"科目，贷记"在建工程——××工程"科目。

所建造的固定资产已达到预定可使用状态，但尚未办理竣工决算的。应当自达到预定可使用状态之日起，根据工程预算、造价或者工程实际成本等，按估计价值转入固定资产，并按有关计提固定资产折旧的规定，计提固定资产折旧。待办理了竣工决算手续后再作调整。

2. 出包工程。企业采用出包方式进行的自制、自建固定资产工程，其工程的具体支出由承包单位核算。在这种方式下，"在建工程"科目实际成为企业与承包单位的结算科目，企业将与承包单位结算的工程价款作为工程成本，通过"在建工程"科目核算。企业在按规定预付承包单位工程价款时，借记"在建工程——××工程"科目，贷记"银行存款"等科目；工程完工收到承包单位账单，补付或补记工程价款时，借记"在建工程——××工程"科目，贷记"银行存款"等科目；工程完工并交付使用时，按实际发生的全部支出，借记"固定资产"科目，贷记"在建工程——××工程"科目。

（三）投资者投入的固定资产

投资者投入固定资产的成本，应按投资合同或协议约定的价值加上应支付的相关税费作为固定资产的入账价值，合同或协议约定的价值不公允的除外。接受投资者投入的固定资产，借记"固定资产"账户，贷记"实收资本"等。

为了保证会计记录的正确性，做到账账相符，会计部门应将固定资产卡片、固定资产登记簿和固定资产账户中的记录，定期进行核算。

三、固定资产折旧

固定资产在使用过程当中会逐渐损耗，损耗的这部分价值应与资产有效寿命期间所产生的收入相匹配。固定资产折旧，是对固定资产由于磨损和损耗而转移到产品中的那一部分价值的补偿。固定资产的磨损和损耗包括有形损耗、自然损耗和无形损耗。固定资产的有形损耗，是指在固定资产的使用过程当中由于机器运转磨损等原因发生的损失，一般是指机器磨损。固定资产的自然磨损，是指固定资产由于自然条件的影响发生的侵蚀性损失。固定资产的无形损耗，是指固定资产在使用过程中由于技术进步等非实物磨损、非自然磨损等原因发生的价值损失。

企业应当在固定资产的使用寿命内，按照确定的方法对应计折旧额进行系统分摊。

（一）固定资产折旧的概念

固定资产折旧是指在固定资产使用寿命内，按照确定的方法对应计折旧额进行系统分摊。

应计折旧额是指应当计提折旧的固定资产原值扣除其预计净残值后的金额，值得注意的是，已计提减值准备的固定资产，还应当扣除已计提的固定资产减值准备累计金额。预计净残值是指假定固定资产使用寿命已满时的预期状态。使用寿命是指企业使用固定资产的预计期间，企业应当根据固定资产的性质和使用情况，合理确定固定资产的使用寿命和预计净残值。固定资产的使用寿命、预计净残值一经确定，不得随意变更。

（二）影响固定资产折旧的主要原因

1. 固定资产原价。计提折旧时，应以月初应计折旧的固定资产账面原值为依据。固定资产的原值是指固定资产的实际成本。

2．预计净残值。固定资产的净残值是指预计的固定资产报废时可以收回的残余价值扣除预计清理费用后的数额。

3．固定资产减值准备。固定资产减值准备是指固定资产已计提的固定资产减值准备累计金额。

4．固定资产的使用寿命。固定资产的使用寿命是指企业使用固定资产的预计期间，或固定资产所能生产产品或提供劳务的数量。企业确定固定资产使用寿命时，应当考虑下列因素：①该项资产预计生产能力或实物产量；②该项资产预计有形损耗，指在固定资产的使用过程中，由于正常使用和自然力的作用而引起的使用价值和价值的损失，如设备使用中发生磨损、房屋建筑物受到自然侵蚀等；③该项资产预计无形损耗，指由于科学技术的进步和劳动率的提高而带来的固定资产价值上的损失，如因新技术的出现而使现有的资产技术水平相对陈旧、市场需求变化使产品过时等；④法律或者类似规定对该项固定资产使用的限制。某些固定资产的使用寿命可能受法律或类似规定的约束。如融资租入的固定资产，根据《企业会计准则第21号——租赁》规定，融资租入的固定资产应当采用与自有应计折旧资产相一致的折旧政策。也就是说，能够合理确定租赁期届满时取得租赁资产所有权的，应当在租赁资产使用寿命内计提折旧。无法合理确定租赁期届满时能够取得租赁资产所有权的，应当在租赁期与租赁资产使用寿命两者中较短的期间内计提折旧。

（三）固定资产折旧的范围

确定固定资产折旧的范围：一是应从空间范围上确定哪些固定资产应当计提折旧，哪些固定资产不应当计提折旧；二是应从时间范围上确定计提折旧的固定资产什么时间开始提取折旧，什么时间停止提取折旧。

除以下情况外，企业应对所有固定资产计提折旧：①已提足折旧继续使用的固定资产；②单独估价作为固定资产入账的土地。

在确定计提固定资产折旧时，还应注意以下问题：①固定资产按月计提折旧，并根据用途计入相关资产的成本或者当期损益。固定资产应该自达到预定可使用状态时开始计提折旧，终止确认时或划分为持有待售非流动资产时停止计提折旧。为了简化核算，当月增加的固定资产当月不计提折旧，从下月起计提折旧；当月减少的固定资产当月照提折旧，从下月起不提折旧；②固定资产提足折旧后，不论能否继续使用，均不再计提折旧；提前报废的固定资产，不再补提折旧。所谓提足折旧是指已经提足该项固定资产的应计折旧额；③已达到预定可使用状态但尚未办理竣工决算的固定资产，应当按照估计价值确定其成本，并计提折旧；待办理竣工决算后，再按实际成本调整原来的暂估价，但不需调整原已计提的折旧额；④处于更新改造过程停止使用的固定资产，应将其账面价值转入在建工程，不再计提折旧。更新改造项目达到预定可使用状态转为固定资产后，再按重新确定的折旧方法和该项固定资产尚可使用寿命计提折旧；⑤进行大修理而停用的固定资产，应当照提折旧，计提的折旧额应计入相关资产成本或当期损益；⑥企业至少应当于每年年度终了，对固定资产的使用寿命、预计净残值和折旧方法进行复核。如有改变应当作为会计估计变更。

（四）固定资产折旧的计算

企业应当根据与固定资产有关的经济利益的预期实现方式，合理选择固定资产的折旧方法。折旧方法可以采用平均年限法、工作量法、双倍余额递减法和年数总和法等。企业选用不同的折旧方法，将影响固定资产使用寿命期间内不同时期的折旧费用，因此，折旧方法一经选定，不得随意变更。如需变更应当符合固定资产准则第十九条的规定。

1. 平均年限法。平均年限法又称直线法，是将固定资产的应计折旧额均衡地分摊到固定资产使用寿命的一种方法。采用这种方法计算的每期折旧额均相等。计算公式如下：

$$年折旧率 = \frac{1 - 预计净残值率}{预计使用寿命(年)} \times 100\%$$

$$月折旧率 = 年折旧率 \div 12$$

$$月折旧额 = 固定资产原价 \times 月折旧率$$

采用平均年限法计算固定资产折旧虽然比较简便，但它也存在着一些明显的局限性。固定资产在不同使用年限提供的经济效益是不同的。一般来讲，固定资产在其使用前期工作效率相对较高，所带来的经济利益也就多；而在其使用后期，工作效率呈下降趋势，因而，所带来的经济效益也就逐渐减少。平均年限法不予考虑这种因素，明显是不合理的。另外，固定资产在不同的使用年限发生的维修费用也不一样。固定资产的维修费用将随着其使用时间的延长而不断增加，而平均年限法也没有考虑这一因素。

当固定资产各期成本的负荷程度相同时，各期应分摊相同的折旧费，这时采用平均年限法计算折旧是合理的。但是，如果固定资产各期成本负荷程度不同，采用平均年限法计算折旧时则不能反映固定资产的实际使用情况，计提的折旧额与固定资产的损耗程度也不相符。

2．工作量法。

（1）定义：工作量法是按实际工作量计提固定资产折旧额的方法。一般是按固定资产所能工作的时数平均计算折旧额。工作量法适用于那些在使用期间负担程度差异很大、提供的经济效益很不均衡的固定资产。

（2）公式：

$$单位工作量折旧额 = \frac{固定资产原值 \times (1 - 净残值率)}{预计总工作量} \times 100\%$$

某项固定资产月折旧额 = 该项固定资产月工作量 × 单位工作量折旧额

工作量法是按照实际使用过程磨损程度计算的，能正确反映运输工具、精密设备等使用程度，而且把折旧费用与固定资产的实际使用程度联系起来。但是在实务中企业对固定资产的工作总量是难以可靠估计的，而且这种方法也没有考虑到固定资产的无形损耗和自然损耗等问题，当固定资产的磨损程度和完成的工作量不成正比例关系时，工作量法则不再适用。

3．加速折旧法。加速折旧法是一种在固定资产使用前期提取折旧较多，固定资产成本在使用年限内尽早得到价值补偿的折旧方法。从固定资产的使用情况看，固定资产在其使用早期修理的次数很少，实际使用时间长，操作效率高，产品质量好，可为单位提供较多的效益。而在固定资产使用后期，随着修理次数的增加，操作效率和产品质量都会逐渐降低，不断上升的成本降低了单位的收益能力。因此，为了使折旧的提取多少与固定资产的运营规律相配比，便在固定资产使用初期摊销较多的折旧，在其使用后期摊销较少的折旧，这就是我们通常所说的加速折旧的主旨。另外，为了降低由于科学技术飞速发展而产生的无形损耗的风险，提高资金运营效果，客观上也要求单位采用加速折旧法。

我国允许使用的加速折旧法主要有两种：即双倍余额递减法和年数总和法。

（1）双倍余额递减法：双倍余额递减法是一种加速折旧法，它是在不考虑残值的情况下，根据每期期初固定资产账面净值和双倍的平均折旧率计算固定资产折旧的一种方法。采用双倍余额递减法计提固定资产折旧，一般应该在固定资产使用寿命期最后2年才考虑净残值，则双倍余额递减法的年折旧率是在忽略不计净残值的条件下，按直线折旧率的2倍计算的，最后2年固定资产的折旧是按固定资产年初账面净值扣除预计净残值后的净值平均摊销。计算公式如下：

$$年折旧率 = \frac{2}{预计使用年限} \times 100\%$$

$$月折旧率 = 年折旧率 \div 12$$

$$月折旧额 = 固定资产账面净值 \times 月折旧率$$

（2）年数总和法：年数总和法是将固定资产的原值减去净残值后的净额乘以一个以固定资产尚可使用年限为分子、以预计使用寿命逐年数字之和为分母的逐年递减的分数计算每年的折旧额。计算公式如下：

$$年折旧率 = \frac{尚可使用年数}{预计使用年限的年数总和} \times 100\%$$

$$月折旧率 = 年折旧率 \div 12$$

$$月折旧额 = (固定资产原值 - 预计净残值) \times 月折旧率$$

采用加速折旧法，可使固定资产成本在使用期限中加快得到补偿，降低固定资产无形损耗造成的不利影响。但这并不是指固定资产提前报废或多提折旧，因为不论采用何种方法提折旧，从固定资产全部使用期间来看，折旧总额不变。采用加速折旧法，对企业更为有利，因为加速折旧法可使固定资产成本在使用期限内加快得到补偿，企业前期利润少，纳税少；后期利润多，纳税较多，从而起到延期纳税的作用。但是，在具体选择折旧计算方法时应首先遵守税法和财务制度的有关规定。

（五）固定资产使用寿命、预计净残值和折旧方法的复核

由于固定资产的使用寿命超于1年，属于企业的非流动资产，企业至少应当于每年年度终了时，对固定资产的使用寿命、预计净残值和折旧方法进行复核。

在固定资产的使用过程中，其所处的经济环境、技术环境以及其他环境有可能与最初确定固定资产使用寿命、预计净残值和折旧方法产生很大的影响。例如：固定资产使用强度比正常情况大大加强，致使固定资产实际使用寿命大大缩短；替代该项固定资产的新产品的出现致使其实际使用寿命缩短，预计净残值减少等。此时，如果不对固定资产使用寿命、预计净残值进行调整或者改变折旧方法，必然不能反映出其为企业提供经济利益的期间、金额或者实现方式，影响会计信息质量的真实性，进而影响会计信息使用者对经济决策的正确性。为了避免这种情况，企业至少应当于每年年度终了时对固定资产使用寿命、预计净残值和折旧方法进行复核。

如果固定资产使用寿命、预计净残值和折旧方法与原先估计数有重大差异，或者经济利益预期实现方式有重大改变，则应当调整固定资产使用寿命、预计净残值、改变折旧方法，并按照会计估计变更的有关规定进行处理。

四、固定资产后续支出

固定资产的后续支出是指固定资产在使用过程中发生的更新改造支出、改良支出、修理费用等。

与固定资产有关的更新改造等后续支出，符合固定资产确认条件的，应当计入固定资产成本，如有被替换的部分，应扣除其账面价值；不满足固定资产确认条件的固定资产修理费等，应当在发生时计入当期损益。

（一）资本化的后续支出

当固定资产发生可以资本化的后续支出时，企业一般应将该固定资产的原价、已计提的累计折旧和减值准备转销，将固定资产的账面价值转入在建工程，并停止计提折旧。固定资产发生的可以资本化的后续支出，通过"在建工程"科目核算。在固定资产发生的后续支出完工并达到预定可使用状态时，应在后续支出资本化的固定资产账面价值不超过其可收回金额的范围之内，从在建工程转入固定资产，同时将被替换部分的账面价值扣除，并重新确定固定资产的使用寿命、预计净残值和折旧方法。

（二）费用化的后续支出

一般情况下，固定资产投入使用后，由于固定资产磨损、各组成部分耐用程度不同，可能导致固定资产的局部损坏。未来维护固定资产的正常运行和使用，充分发挥其使用效能，企业将对固定资产进行必要的维护。发生固定资产的日常维护支出只是确保固定资产的正常工作状况，没有满足固定资产的确认条件。因此，应当在发生时一次直接计入当期损益，根据不同情况分别在发生时计入当期管理费用或销售费用等。

（三）处理资本化支出

固定资产发生的可以资本化的后续支出，应当通过"在建工程"科目核算。固定资产发生可资本化的后续支出时，企业应将该固定资产的原价、已计提的累积折旧和减值准备转销，将固定资产的账面价值转入在建工程，借记"在建工程""累积折旧""资产减值准备"等科目，贷记"固定资产"科目；其间如有再发生可资本化的后续支出，借记"在建工程"科目，贷记"银行存款"等科目。在固定资产发生后续支出完工并达到预定可使用状态时，借记"固定资产"科目，贷记"在建工程"。

（四）处理费用化后续支出

企业生产车间（部门）和行政管理部门等发生的固定资产修理费用等后续支出，借记"管理费用"科目，贷记"银行存款"等科目；企业发生的与专设销售机构相关的固定资产修理费用等后续支出，借记"销售费用"，贷记"银行存款"等科目。

五、固定资产处置

企业在生产经营过程中，对那些不适用或不需用的固定资产，可以通过对外出售的方式进行处置；对那些由于使用而不断磨损直到报废，或由于技术进步等原因对固定资产进行提前报废，或由于遭受自然灾害等非正常损失发生毁损的固定资产应及时清理。

固定资产的处置包括固定资产的出售、报废、毁损、对外投资、非货币性资产交换、债务重组等。

固定资产满足下列条件之一的，应当予以终止确认：①该固定资产处于处置状态；②该固定资产预期通过使用或处置不能产生经济利益。

固定资产的处置具体包括以下几个环节，如图2-4。

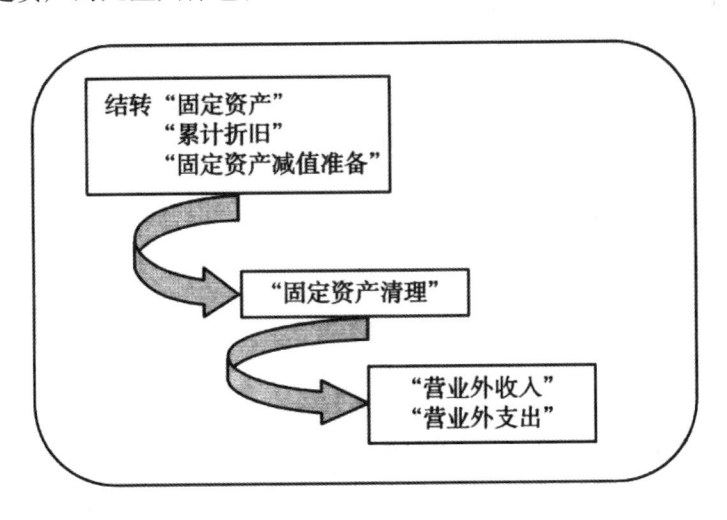

图2-4 固定资产处置会计核算环节

（一）固定资产转入清理

企业因出售、报废、毁损、对外投资、非货币性资产交换、债务重组等转出的固定资产，按该项固定资产的账面价值，借记"固定资产清理"科目。按已计提的折旧，借记"累计折旧"科目，按已计提的减值准备，借记"固定资产减值准备"科目，按其账面价值，贷记"固定资产"。

（二）发生的清理费用

固定资产清理过程中发生的相关税费及其他费用，借记"固定资产清理"科目，贷记"银行存款""应交税费——应交增值税"等科目。

（三）收回残料或出售价款或保险赔偿

收回残料或出售价款、应由收保险公司或过失人赔偿的损失等，借记"银行存款""原材料""其他应收款"等科目，贷记"固定资产清理"科目。

（四）清理净损益

固定资产清理完成以后，属于生产经营期间正常的处理损失，借记"营业外支出——处置非流动资产损失"科目，贷记"固定资产清理"科目；属于自然灾害等非常原因造成的损失，借记"营业外支出——非常损失"科目，贷记"固定资产清理"科目。如果"固定资产清理账户"为贷方余额，借记"固定资产清理"，贷记"营业外收入"。

六、固定资产清查

定期或至少于每年年末对固定资产进行清查盘点，以保证固定资产核算的真实性，充分挖掘企业现有固定资产的潜力。并且，为了确保固定资产的安全与完整，做到账实相符，企业也应对固定资产进行定期和不定期的清查，确定各项固定资产的实际数量和状况，并与账面记录相核对，查明账实是否一致。在固定资产清查过程中，如果发现有盘盈、盘亏的，应填制固定资产盘盈、盘亏报告表。清查固定资产的损益，应及时查明原因，并按规定程序报批处理。

（一）固定资产盘盈

资产清查过程中发现的盘盈固定资产，经查明原因属于企业所有，应确定固定资产的重置价值，并为其开立固定资产卡片。

企业盘盈的固定资产，一般属于以前年度的差错。应按重置成本，借记"固定资产"科目，按估计折旧，贷记"累计折旧"科目，贷记"以前年度损益调整"科目。重置成本应按以下规定确定：如果同类或类似固定资产存在活跃市场，按同类或类似固定资产的市场价格，减去按该项资产的新旧程度估计的价值损耗后的余额确定；如果同类或类似固定资产不存在活跃市场的，按该项固定资产的预计未来现金流量的现值确定。

"以前年度损益调整"科目，属于损益类。核算企业本年度发生的调整以前年度损益的事项，贷方表示企业调整增加的以前年度利润或调整减少的以前年度亏损，借方是调整减少的以前年度利润或调整增加的以前年度亏损。期末将本科目的余额直接转入留存收益。

（二）固定资产盘亏

企业在财产清查中盘亏的固定资产，应根据账面价值，借记"待处理财产损溢"；按已计提的累计折旧，借记"累计折旧"科目；按已计提的减值准备，借记"固定资产减值准备"科目；按固定资产的原值，贷记"固定资产"科目。按管理权限报经批准后处理时，按可收回的保险赔偿或过失人赔偿，借记"其他应收款"科目，按应计入营业外支出的金额，借记"营业外支出——盘亏损失"科目，贷记"待处理财产损溢"科目。

如果年末固定资产的盘亏还未经有关部门批准，企业应先按上述规定进行调整；日后有关部门批准的金额与调整的金额不一致，应按照会计差错进行更正。

七、固定资产减值

固定资产在使用过程中，由于存在有形和无形的损耗以及其他原因，可能会发生价值减值的情况。企业若不对已经发生的资产减值予以确认，必将导致虚夸资产价值，这不符合真实性和谨慎性的要求。因此，企业应当在期末或者至少在每年年度终了时，对固定资产进行检查，以确定是否发生减值。①

固定资产减值是指固定资产的可回收金额低于账面价值。当固定资产在资产负债表日的可收回金额低于其账面价值时，表明该固定资产发生减值，企业应将该固定资产的账面价值减记至可收回金额，同时确认为资产减值损失，计提固定资产减值准备。

资产可收回金额的估计，应当根据其公允价值减去处置费用后的净额与该资产预计未来现金流量的现值两者之间较高者确定。资产的账面价值是指资产成本扣减累计折旧（或累计摊销）和累计减值准备后的金额。

固定资产减值损失一经确认，在以后会计期间不得转回。但是，遇到资产处置、出售、对外投资、以非货币性资产交换方式换出、在债务重组中抵偿债务等情况，同时符合资产终止确认条件的，企业应当将相关资产减值准备予以转销。

第四节 无形资产

一、无形资产概述

（一）无形资产的概念及基本特征

1. 无形资产的概念。无形资产是指企业拥有或者控制的、没有实物形态的可以辨认的非货币性资产。例如，专利权、非专利技术、商标权、著作权、特许权等。

---

①孙冬梅.企业固定资产减值的会计问题分析[J].财经界，2017（12）：2.

2. 无形资产的特征。

（1）无形资产不具有实物形态：无形资产是不具有实物形态的非货币性资产，它不像固定资产、存货等有形资产能看得见、摸得着；通常表现为某种权利、某项技术或是某种获取利润的综合能力，如土地使用权、非专利技术等。无形资产为企业带来经济利益的方式与有形资产如固定资产不同，固定资产是通过实物的磨损和价值的转移来为企业带来未来经济利益，而无形资产很大程度上是通过自身所具有的技术等优势为企业带来未来经济利益。所以说不具有实物形态是无形资产区别于其他资产的特征之一。

（2）无形资产具有可辨认性：无形资产的可辨认性是指无形资产可以单独取得或转让。如企业持有的专利权、非专利技术、商标权、土地使用权等。

资产在符合下列条件时，满足无形资产定义中的可辨认性标准：①能够从企业中分离或者划分出来，并能单独用于出售或转让等，某些情况下无形资产可能需要与相关合同一起用于出售、转移等，这种情况下视为可辨认的无形资产；②产生于合同性权利或其他法定权利，无论这些权利是否可以从企业或其他权利和义务中转移或者分离。例如，一方通过与另一方签订特许权合同而获得的特许使用权，通过法律程序申请获得的商标权、专利权等。

（3）无形资产属于非货币性资产：非货币性资产是指企业持有的货币资金和将以固定或可确定的金额收取的资产以外的其他资产。无形资产由于没有发达的交易市场，一般不容易转化成现金，在持有过程中为企业带来的经济利益也不确定，不属于以固定或可确定的金额收取的资产，属于非货币性资产。

（二）无形资产的内容

1. 专利权。专利权是国家专利主管机关依法授予发明创造专利申请人，对其发明创造在法定期限内享有的专有权利，包括发明专利权、实用新型专利权和外观设计专利权。也就是说，专利权是允许其持有者独家使用或控制的特权，它具有公开性和期限性等特征，并受法律保护。专利权不一定能给持有者带来经济效益。

2. 非专利技术。非专利技术有时也称专有技术。它是指不为外界所知、在生产经营活动中已采用了的、不受法律保护的、可以为企业带来经济利益的各种技术和诀窍。非专利技术一般包括工业专有技术、商业贸易专有技术、管理专有技术等。

值得注意的是，非专利技术不受法律保护，企业靠自己的保密手段来保护，使用寿命不受限制，仅有经济上的有限寿命。

3. 商标权。商标是用来辨认特定商品或劳务的标记。商标权指专门在某类指定的商品上或产品上使用特定的名称或图案的权利。经商标局核准注册的商标为注册商标，包括商品商标、服务商标、集体商标、证明商标等。一般注册商标有效期限为10年，自核准注册之日起计算。

4. 著作权。著作权又称版权，指作者对其创作的文学、科学和艺术作品依法享有的某些特殊权利。著作权包括两个方面的权利，即精神权利（人身权利）和经济权利（财产权利）。精神权利是指作品的署名、发表作品、确认作者身份、保护作品的完整性、修改已经发表的作品等各项权利，它主要包括发表权、署名权、修改权和保护作品完整权。经济权利是指以出版、表演、广播、展览、录制唱片、摄制影片等方式使用作品以及授予他人使用作品而获得经济利益的权利。

5. 特许权。特许权又称经营特许权、专营权，是企业在某一地区经营或销售某种特定商品的权利，或是一家企业授予另一家企业使用其商标、商号、技术秘密等的权利。通常有两种形式：一种形式是由政府机构授权，准许企业在某一定地区享有经营某种业务的特权，例如，水、电、邮电通信等专营权，烟草专卖权等。另一种形式是指企业间依照签订的合同，有限期或无限期使用另一家企业的某些权利，例如，连锁店分店使用总店的名称等。

6. 土地使用权。土地使用权是指国家准许企业在一定期间内对国有土地享有开发、利用和经营的权利。根据我国《土地管理法》的规定，我国土地实行公有制，任何单位和个人不得侵占、买卖或者以其他形式非法转让。企业取得土地使用权的方式大致有以下几种：行政划拨取得、外购取得及投资者投资取得。

(三) 无形资产的确认条件

无形资产应当在符合定义的前提下，同时满足以下两个确认条件时，才能予以确认。

1. 与该无形资产有关的经济利益很可能流入企业。作为无形资产确认的项目，必须满足其所产生的经济利益很可能流入企业这一条件。通常情况下，无形资产产生的未来经济利益可能包括在销售商品、提供劳务的收入当中，或者企业使用该项无形资产而减少或节约了成本，或者体现在获得的其他利益当中。例如，生产加工企业在生产工序中使用了某种知识产权，使其降低了未来生产成本。

会计实务中，要确定无形资产所创造的经济利益是否很可能流入企业，需要实施职业判断。在实施这种判断时，需要对无形资产在预计使用寿命内可能存在的各种经济因素作出合理估计，并且应当有确凿的证据支持。例如，企业是否有足够的人力资源、高素质的管理队伍、相关的硬件设备、相关的原材料等来配合无形资产为企业创造经济利益。同时，更为重要的是关注一些外界因素的影响，例如，是否存在与该无形资产相关的新技术、新产品冲击，或据其生产的产品是否存在市场等。在实施判断时，企业管理层应对在无形资产的预计使用寿命内存在的各种因素作出最稳健的估计。

2. 该无形资产的成本能够可靠计量。成本能够可靠地计量是确认资产的一项基本条件，对于无形资产而言，这个条件显得更为重要。例如，企业内部产生的品牌、报刊名、刊头、客户名单和实质上类似项目的支出，由于不能与整个业务开发成本区分开来，成本无法可靠计量，因此，不应确认为无形资产。

（四）无形资产使用寿命的确定

无形资产的后续计量以其使用寿命为基础。企业应当于取得无形资产时分析判断其使用寿命。无形资产的使用寿命有限的，应当估计该使用寿命的年限或者使用寿命内的产量等类似计量单位数量；无法预见无形资产为企业带来经济利益期限的，应当视为使用寿命不确定的无形资产。

无形资产的使用寿命包括法定寿命和经济寿命两个方面：无形资产的使用寿命受法律、规章或合同的限制，称为法定寿命；经济寿命则是指无形资产可以为企业带来经济利益的年限。

在估计无形资产的使用寿命时，应当综合考虑各方面相关因素的影响，其中通常应当考虑的因素有：①运用该资产生产的产品通常的寿命周期、可获得的类似资产使用寿命的信息；②技术、工艺等方面的现实情况及对未来发展的估计；③以该资产生产的产品或提供的服务的市场需求情况；④现在或潜在的竞争者预期将采取的行动；⑤为维持该资产产生未来经济利益的能力预期的维护支出，以及企业预计支付有关支出的能力；⑥对该资产的控制期限，以及对该资产使用的法律或类似限制，如特许使用期间、租赁期等；⑦与企业持有的其他资产使用寿命的关联性等。

二、无形资产取得

无形资产通常是按实际成本计量，取得方式多样化，如外购、自行研究开发、接受投资、债务重组、非货币性资产交换等。以取得无形资产并使之达到预定用途而发生的全部支出作为无形资产的成本。对于不同来源取得的无形资产，其成本构成不尽相同。

（一）外购无形资产

外购的无形资产，成本包括购买价款、相关税费以及直接归属于使该无形资产达到预定用途所发生的其他支出。其中，直接归属于使该无形资产达到预定用途所发生的其他支出包括：使无形资产达到预定用途所发生的专业服务费用、测试无形资产是否能够正常发挥作用的费用等。但下列两项不包括在无形资产的成本中：①引入新产品进行宣传发生的广告费、管理费用及其他间接费用；②无形资产已经达到预定用途以后发生的费用。

外购的无形资产应按其取得成本进行初始计量；如果购入的无形资产超过正常信用条件延期支付价款（如付款期限在3年以上），实质上具有融资性质的，应按取得无形资产购买价款的现值计量其成本，现值与应付价款之间的差额作为未确认的融资费用，在付款期间内按实际利率法确认为利息费用。

（二）自行研究开发的无形资产

内部开发活动发生的无形资产的成本，由可直接归属于该资产的创造、生产并使该资产能够以管理层预定的方式运作的所有必要支出组成。可直接归属成本包括：开发该无形资产时耗费的材料、劳务成本、注册费、在开发该无形资产过程中使用的其他专利权和特许权的摊销、按照借款费用的处理原则可以资本化的利息费用等。在开发无形资产过程中发生的，除上述可直接归属于无形资产开发活动之外的其他销售费用、管理费用等间接费用，无形资产达到预定用途前发生的可辨认的无效和初始运作损失，为运行该无形资产发生的培训支出等不构成无形资产的开发成本。

值得强调的是，内部开发无形资产的成本仅包括在满足资本化条件的时点至无形资产达到预定用途前发生的支出总和，对于同一项无形资产在开发过程中达到资本化条件之前已经费用化计入当期损益的支出不再进行调整。

所以，企业自行开发无形资产的项目支出，应当区分研究阶段支出与开发阶段支出。企业内部研发支出处理的原则是：研发阶段的支出全部费用化，计入当期损益（管理费用）；开发阶段的支出符合资本化条件的才能资本化，不符合资本化条件的计入当期损益（管理费用）；无法可靠区分研究阶段支出和开发阶段支出的，所发生的支出全部费用化，计入当期损益（管理费用）。

自行开发的无形资产成本，其成本包括自满足无形资产确认条件后至达到预定用途前所发生的支出总额，但是对于以前期间已经费用化的支出不再进行调整。

1. 研究阶段和开发阶段的划分。对于企业自行进行的研究开发项目，应当区分研究阶段与开发阶段两个部分分别进行核算。

（1）研究阶段：研究阶段是指为获取新的技术和知识等进行的有计划的调查阶段。研究阶段的活动包括：对于获取研究成果或其他知识而进行的应用研究、评价和最终选择；材料、设备、产品、工序、系统或服务替代品的研究；新的或经改进的材料、设备、产品、工序、系统或服务的可能替代品的配制、设计、评价和最终选择等。

研究阶段是具有探索和计划性的，是为了进一步的开发活动进行资料及相关方面的准备，已进行的研究活动将来是否会转入开发、开发后是否会形成无形资产等均具有较大的不确定性。在这一阶段不会形成阶段性成果。因此，在研究阶段的支出，在发生时应当费用化计入当期损益。

（2）开发阶段：开发阶段是指在进行商业性生产或使用前，将研究成果或其他知识应用于某项计划或设计，以生产出新的或具有实质性改变的材料、装置、产品的阶段。开发阶段的活动包括：生产或使用前的原型和模型的设计、建造和测试；含新技术的工具、夹具、模具的设计；不具有商业性的试生产设施的设计、建造和运营；新的或经改造的材料、设备、产品、工序、系统或服务所选定的替代品的设计、建造和测试等。

相对于研究阶段而言，开发阶段应当是已经完成研究阶段的工作，在很大程度上具备了形成一项新产品或新技术的基本条件。此时，如果企业能够证明开发支出符合无形资产的定义及相关确认条件，则可将其确认为无形资产。

2. 开发阶段资本化的条件。在研究阶段，可将有关支出资本化，计入无形资产的成本，但必须同时满足以下条件：①完成该无形资产以使其能够使用或出售在技术上具有可行性。也就是说，企业能证明所进行的开发所必需的技术条件等已经具备，不存在技术上的障碍或其他不确定性；

②具有完成该无形资产并使用或出售的意图。也就是说，企业管理当局应能够说明其持有拟开发无形资产的目的，并具有完成该项无形资产开发并使其能够使用或出售的可能性；③无形资产产生经济利益的方式，包括能够证明运用该无形资产生产的产品存在市场或无形资产自身存在市场，无形资产将在内部使用的，应当证明其有用性；④有足够的技术、财务资源和其他资源支持，以完成该无形资产的开发，并有能力使用或出售该无形资产；⑤归属于该无形资产开发阶段的支出能够可靠地计量。

另外，对于无法区分研究阶段和开发阶段的支出，应当在发生时作为管理费用，全部计入当期损益。

（三）投资者投入的无形资产

投资者投入的无形资产成本，应当按照投资合同或协议约定的价值确定无形资产的取得成本。如果投资合同或协议约定价值不公允的，应按无形资产的公允价值作为无形资产的初始成本入账。

三、无形资产摊销

无形资产在取得以后，使用该无形资产期间，应以成本减去累计摊销和累计减值准备后的余额计量。要确定无形资产在使用过程中的累计摊销额，基础是估计其使用寿命，而使用寿命有限的无形资产才需要在估计使用寿命内采用系统合理的方法进行摊销，对于使用寿命不确定的无形资产则不需要摊销。

（一）无形资产使用寿命的估计

企业应当于取得无形资产时分析判断其使用寿命。无形资产的使用寿命如为有限的，应当估计该使用寿命的年限或者构成使用寿命的产量等类似计量单位的数量；无法预见无形资产为企业带来未来经济利益期限的，应当视为使用寿命不确定的无形资产。

（二）无形资产使用寿命的确定

第一，源自合同性权利或其他法定权利取得的无形资产，其使用寿命通常不应超过合同性权利或其他法定权利的期限。例如，企业以支付土地出让金方式取得一块土地50年的使用权，如果企业准备持续持有，在50年期间内没有计划出售，该项土地使用权预期为企业带来未来经济利益的期限为50年。但如果企业使用资产的预期期限短于合同性权利或其他法定权利规定的期限的，则应当按照企业预期使用的期限来确定使用寿命。例如，企业取得的某项实用新型专利权，法律规定的保护期限为10年，企业预计运用该项实用新型专利权所生产的产品在未来6年内会为企业带来经济利益，则该项专利权的预计使用寿命为6年。

如果合同性权利或其他法定权利能够在到期时因续约等延续，则仅当有证据表明企业续约不需要付出重大成本时，续约期才能够包括在使用寿命的估计中。下列情况，一般说明企业不用付出重大成本即可延续合同性权利或其他法定权利：有证据表明合同性权利或法定权利将被重新延续，如果在延续之前需要第三方同意，则还需有第三方将会同意的证据；有证据表明为获得重新延续所必需的条件将被满足，以及企业为延续持有无形资产所付出的成本相对于预期从重新延续中流入企业的未来经济利益相比不具有重要性。如果企业为延续无形资产而付出的成本与预期从重新延续中流入企业的未来经济利益相比具有重要性，则从本质上来看是企业获得的一项新的无形资产。

第二，没有明确的合同或法律规定无形资产的使用寿命的，企业应当综合各方面因素判断。例如，企业经过努力，聘请相关专家进行论证、与同行业的情况进行比较以及参考企业的历史经验等，来确定无形资产为企业带来未来经济利益的期限。

第三，经过上述努力仍确实无法合理确定无形资产为企业带来经济利益的期限的，才能将其作为使用寿命不确定的无形资产。例如，企业取得了一项在过去几年中市场份额领先的畅销产品的商标，该商标按照法律规定还有5年的使用寿命，但是在保护期届满时，企业可每10年以较低的手续费申请延期，同时有证据表明企业有能力申请延期。此外，有关的调查表明，根据产品生命周期、市场竞争等方面情况综合判断，该商标将在不确定的期间内为企业带来现金流量。综合各方面情况，该商标可视为使用寿命不确定的无形资产。又如，企业通过公开拍卖取得一项出租车运营许可，按照所在地的规定，以现有出租车运营许可权为限，不再授予新的运营许可权，而且在旧的出租车报废以后，有关的运营许可权可用于新的出租车。企业估计在有限的未来，将持续经营出租车行业。对于该运营许可权，由于其能为企业带来未来经济利益的期限从目前情况来看，无法可靠地估计，因而应将其视为使用寿命不确定的无形资产。

（三）使用寿命有限的无形资产

使用寿命有限的无形资产应在其预计的使用寿命内，采用合理的方法，对无形资产进行摊销。

1. 摊销期和摊销方法。无形资产的摊销期是指自其可供使用（即达到预定用途）时起至终止确认时止。企业应当按月对无形资产进行摊销；当月新增的无形资产当月开始摊销，处置当月不再摊销。

在无形资产的使用寿命内系统地分摊其应摊销的金额，存在多种方法。具体包括直线法、生产总量法等。企业在选择摊销方法时，应当能够反映与该企业无形资产有关的经济利益的预期实现方式，并一致地应用于不同会计期间。例如，受技术陈旧因素影响较大的专利权和专有技术等无形资产，可以采用类似固定资产加速折旧的方法进行摊销；有特定产量限制的特许经营权或专利权，应采用产量法进行摊销；对于无法可靠确定其预期实现方式的，应当采用直线法进行摊销。

2. 残值的确定。无形资产的残值意味着，在其经济寿命结束之前企业预计将会处置该无形资产，并且从该处置中取得的利益。除下列情况外，无形资产的残值一般为零：①有第三方承诺在无形资产使用寿命结束时购买该项无形资产；②可以根据活跃市场得到无形资产预计残值信息，并且该市场在该项无形资产使用寿命结束时可能存在。

残值确定以后，至少于每年年末进行复核，预计其残值与原估计金额不同的，应按照会计估计变更进行处理。如果无形资产的残值重新估计以后高于其账面价值的，则无形资产不再摊销，直至残值降至低于账面价值再恢复摊销。

例如，某企业购入一项专利技术成本为100万元，计划5年后转让给第三方。根据目前市场得到的信息，该专利技术残值为10万元，企业采用生产总量法对其摊销，到第3年末，经复核重估该专利技术预计残值为30万元，如果此时已摊销了72万元，该专利技术的账面价值为28万元，低于重估30万元的残值，则不再对该无形资产进行摊销，直到残值降低至低于其账面价值时再恢复摊销。

3. 使用寿命不确定的无形资产。根据可获得的相关信息判断，如果无法合理估计某项无形资产的使用寿命，应将其作为使用寿命不确定的无形资产进行核算。对于使用寿命不确定的无形资产，在持有期间内不需要进行摊销，但应当在每一个会计期间进行减值测试。减值测试的方法按照判断无形资产减值的原则进行处理。

四、无形资产处置

无形资产的处置主要是指无形资产出售、对外出租、对外捐赠，或者是无法为企业带来未来经济利益时，应予终止确认并转销。

（一）无形资产的出售

企业出售某项无形资产，表明企业放弃无形资产的所有权，应将所取得的价款与该无形资产账面价值的差额确认为处置非流动资产的利得或损失，计入当期营业外收入或营业外支出。

出售无形资产时，应按实际收到的金额，借记"银行存款"等科目，按已计提的累计摊销；借记"累计摊销"科目，原已计提减值准备；借记"无形资产减值准备"科目，按支付的相关税费；贷记"应交税费"等科目，按其账面价值；贷记"无形资产"科目，按其差额，贷记"营业外收入——处置非流动资产利得"科目或借记"营业外支出——处置非流动资产利得"科目。

（二）无形资产的出租

企业将所拥有的无形资产的使用权让渡给他人，并收取租金，在满足收入确认的条件的情况下，应确认相关的收入并结转相应的成本，通过"其他业务收入"或"其他业务成本"科目进行核算。

让渡无形资产使用权而取得的租金收入，借记"银行存款"等科目，贷记"其他业务收入"科目；摊销出租无形资产的成本及发生与转让有关的各种费用支出时，借记"其他业务成本"科目，贷记"累计摊销"等科目。

（三）无形资产的报废

如果无形资产预期不能为企业带来未来经济利益，则不再符合无形资产的定义，应将其报废并予以转销，将其账面价值转作当期损益。

无形资产报废转销时，应按已计提的累计摊销，借记"累计摊销"科目；按其账面余额，贷记"无形资产"科目；按其差额，借记"营业外支出"科目。已计提减值准备的，还应同时结转减值准备。

五、无形资产减值

无形资产由于技术进步或其他经济原因，导致其市场公允价值（即可收回金额）低于其账面值的，应该计提无形资产减值准备。

企业应定期对无形资产的账面价值进行检查，至少每年年末检查一次。如果发现无形资产存在减值情况，应对无形资产的公允价值进行确认，并将该无形资产的账面价值超过市场公允价值的部分确认为减值准备，计入"资产减值损失"科目。

无形资产减值损失一经确认，在以后会计期间不得转回。

第三章 负 债

第一节 流动负债

一、流动负债概述

(一) 负债的概念和分类

负债,是指企业过去的交易或者事项形成的、预期会导致经济利益流出企业的现时义务。负债一般按其偿还速度或偿还时间的长短划分为流动负债和非流动负债两类:流动负债是指在1年内或超过1年的一个营业周期内偿还的债务,主要包括短期借款、应付票据、应付账款、应付利息、预收账款、应付职工薪酬、应交税费、应付股利、其他应付款等。非流动负债是指偿还期在1年以上或超过1年的一个营业周期以上的债务,包括长期借款、应付债券、长期应付款等。

(二) 负债的特点

第一,负债是指已经发生的,并在未来一定时期内必须偿付的经济义务,必须用货币、物品、提供劳务、再负债等债权人所能接受的形式(包括债权人放弃债权)来实现。因此,现时的负债代表着企业未来经济利益的付出。

第二,能够用货币确切地计量或合理估计。负债通常有一个可确定的到期偿付金额，即使某一种负债当时没有确切金额，也可以根据负债情况、相关资料合理地加以判断并且得出接近精确的估计数。

第三，通常都有具体的偿付对象和偿付日期。通常情况下，负债的债权人和负债的到期日均是确定的，或是可以合理地估计确定的。例如，企业对已出售产品的保修业务往往具有不确定性，但对于需保修产品的客户和保修期，还是可以合理估计的。

与长期负债相比较，流动负债除具有上述负债的基本特点外，它还具有偿还期限较短、必须在1年内或超过1年的一个营业周期内偿还等特点。正确核算企业的流动负债，合理搭配流动资产与流动负债的比例关系，是企业会计管理的一项重要内容。

（三）流动负债的分类

1. 按应付金额是否确定分类。

（1）金额确定的流动负债：即根据合同、契约或法律的规定，到期必须偿还，而且有确切的金额、债权人和偿付时期的流动负债。比如，向银行借入一笔款项，将于三个月后归还，具有确定的金额、债权人和偿付日期。类似的流动负债还有应付票据、应付账款、预收账款等。

（2）金额视经营情况而定的流动负债：即需要根据一定期间的经营情况来决定金额多少的负债。例如，企业应付给投资者的利润，必须等到经营期末才能根据经营情况决定向投资者分配多少利润。类似的流动负债还有应交所得税等。

（3）金额需要估计的流动负债：这类负债也称为或有负债。它们的存在与否及偿付日期，主要取决于有关的未来事件是否存在。如果未来事件确定存在，应形成一种实际的负债；反之不存在。如产品质量担保债务，这类债务应按以往的经验或依据有关的资料估计确定其应承担义务的金额。

2. 按形成方式分类。

（1）融资活动形成的流动负债：指企业从银行或其他金融机构筹集资

金形成的流动负债，如短期借款。

（2）结算业务形成的流动负债：指没有了结的商品交易所形成的流动负债。如企业从外单位购买商品已验收入库，但货款尚未支付所形成的一笔待结算的应付款项。

（3）经营过程中形成的流动负债：这是指企业内部往来形成的流动负债，包括应付职工薪酬等。

（4）收益分配形成的流动负债：这是指企业对净收益进行分配过程中产生的流动负债，如应付投资者的利润等。

二、短期借款

短期借款是指企业向银行或其他金融机构等借入的期限在1年以下（含1年）的各种借款，通常是为了满足正常生产经营的需要。[1]企业应通过"短期借款"科目，核算短期借款的发生、偿还等情况。企业从银行或其他金融机构取得短期借款时，借记"银行存款"科目，贷记"短期借款"科目。

在实际工作中，银行一般于每季度末收取短期借款利息，为此，企业的短期借款利息一般采用月末预提的方式进行核算。短期借款利息属于筹资费用，应记入"账务费用"科目。企业应当在资产负债表日按照计算确定的短期借款利息，借记"财务费用"科目，贷记"应付利息"科目；实际支付利息时，借记"应付利息"科目，贷记"银行存款"科目。

企业短期借款到期偿还本金时，借记"短期借款"科目，贷记"银行存款"科目。

三、应付及预收款项

（一）应付票据

1. 应付票据概述。应付票据是指企业购买材料、商品和接受劳务供应等而开出、承兑的商业汇票，包括商业承兑汇票和银行承兑汇票。企业应

---

[1] 赵佳星. 浅析短期借款的经营管理[J]. 经贸实践，2018（14）：1.

当设置"应付票据备查簿",详细登记商业汇票的种类、号数和出票日期、到期日、票面余额、交易合同号和收款人姓名或单位名称以及付款日期和金额等资料。应付票据到期结清时,应当在备查簿内予以注销。

商业汇票按照是否带息,分为带息票据和不带息票据。不带息票据,其面值就是企业到期时应支付的金额。带息票据的票面金额仅表示本金,票据到期时除按面值支付外,还应另行支付利息。

企业应通过"应付票据"科目,核算应付票据的发生、偿付等情况。该科目贷方登记承兑汇票的面值及带息票据的预提利息,借方登记支付票据的金额,余额在贷方,表示企业尚未到期的商业汇票的票面金额和应计未付的利息。

2．不带息应付票据的账务处理。

(1)发生应付票据:通常而言,商业汇票的付款期限不超过6个月,因此在会计上应作为流动负债管理和核算。同时,由于应付票据的偿付时间较短,在会计实务中,一般均按照开出、承兑的应付票据的面值入账。

企业因购买材料、商品和接受劳务供应等而开出、承兑的商业汇票,应当按其票面金额作为应付票据的入账金额,借记"材料采购""原材料""库存商品""应付账款""应交税费——应交增值税(进项税额)"等科目,贷记"应付票据"科目。

企业支付的银行承兑汇票手续费应当计入当期财务费用,借记"财务费用"科目,贷记"银行存款"科目。

(2)偿还应付票据:应付票据到期支付票款时,应按账面余额予以结转,借记"应付票据"科目,贷记"银行存款"科目。

(3)转销应付票据:应付商业承兑汇票到期,如企业无力支付票款,应将应付票据按账面余额转作应付账款,借记"应付票据"科目,贷记"应付账款"科目。应付银行承兑汇票到期,如企业无力支付票款,应将应付票据的账面余额转作短期借款,借记"应付票据"科目,贷记"短期借款"科目。

(4)带息应付票据的账务处理:与不带息应付票据的会计处理的不同

之处是，企业承兑的带息票据，应于期末计算应付利息，计入当期财务费用，借记"财务费用"科目，贷记"应付票据"科目。

(二）应付账款

应付账款是指企业因购买材料、商品或接受劳务供应等经营活动应支付的款项。应付账款，一般应在与所购买物资所有权相关的主要风险和报酬已经转移，或者所购买的劳务已经接受时确认。在实务工作中，为了使所购入物资的金额、品种、数量和质量等与合同规定的条款相符，避免因验收时发现所购物资存在数量或质量问题而对入账的物资或应付账款金额进行改动，在物资和发票账单同时到达的情况下，一般在所购物资验收入库后，再根据发票账单登记入账，确认应付账款。在所购物资已经验收入库，但是发票账单未能同时到达的情况下，企业应付物资供应单位的债务已经成立，在会计期末，为了反映企业的负债情况，需要将所购物资和相关的应付账款暂估入账，待下月初再用红字予以冲回。

企业应通过"应付账款"科目，核算应付账款的发生、偿还、转销等情况。该科目贷方登记企业购买材料、商品和接受劳务等而发生的应付账款，借方登记偿还的应付账款或开出商业汇票抵付应付账款的款项，或已冲销的无法支付的应付账款。余额一般在贷方，表示企业尚未支付的应付账款余额。本科目一般应按照债权人设置明细科目进行明细核算。

应付账款的处理主要涉及以下环节。

1. 发生应付账款。企业购入材料、商品或接受劳务等所产生的应付账款，按应付金额入账。购入材料、商品等验收入库，但货款尚未支付，根据有关凭证（发票账单、随货同行发票上记载的实际价款或暂估价值），借记"材料采购""在途物资"等科目，按可抵扣的增值税税额，借记"应交税费——应交增值税（进项税额）"科目，按应付的价款，贷记"应付账款"科目。企业接受供应单位提供劳务而发生的应付未付款项，根据供应单位的发票账单，借记"生产成本""管理费用"等科目，贷记"应付账款"科目。

应付账款附有现金折扣的,应按照扣除现金折扣前的应付款总额入账。因在折扣期限内付款而获得的现金折扣,应在偿付应付账款时冲减财务费用。

2．偿还应付账款。企业偿还应付账款或开出商业汇票抵付应付账款时,借记"应付账款"科目,贷记"银行存款""应付票据"等科目。

3．转销应付账款。企业转销确实无法支付的应付账款(比如,因债权人撤销等原因而产生无法支付的应付账款),应按其账面余额计入营业外收入,借记"应付账款"科目,贷记"营业外收入"科目。

(三) 预收账款

预收账款是指企业按照合同规定向购货单位预收的款项。与应付账款不同,预收账款所形成的负债不是以货币偿付,而是以货物偿付。

企业应通过"预收账款"科目,核算预收账款的取得、偿付等情况。该科目贷方登记发生的预收账款数额和购货单位补付账款的数额,借方登记企业向购货方发货后冲销的预收账款数额和退回购货方多付账款的数额;余额一般在贷方,反映企业应收的款项。企业应当按照购货单位设置的明细科目进行明细核算。预收货款业务不多的企业,可以不单独设置"预收账款"科目,其所发生的预收货款,可通过"应收账款"科目核算。

企业预收购货单位的款项时,借记"银行存款"科目,贷记"预收账款"科目;销售实现时,按实现的收入和应交的增值税销项税额,借记"预收账款"科目,按照实现的营业收入,贷记"主营业务收入"科目,按照增值税专用发票上注明的增值税税额,贷记"应交税费——应交增值税(销项税额)"等科目;企业收到购货单位补付的款项,借记"银行存款"科目,贷记"预收账款"科目;向购货单位退回其多付的款项时,借记"预收账款"科目,贷记"银行存款"科目。

(四) 其他应付款

其他应付款是指企业除应付票据、应付账款、预收账款、应付职工薪酬、应交税费、应付股利等经营活动以外的其他各项应付、暂收的款项,如应付租入包装物租金、存入保证金等。企业应通过"其他应付款"科目，核算其他应付款的增减变动及其结存情况，并按照其他应付款的项目和对方单位（或个人）设置明细科目进行明细核算。该科目贷方登记发生的各种应付、暂收款项，借方登记偿还或转销的各种应付、暂收款项；该科目期末贷方余额反映企业应付未付的其他应付款项。

企业发生其他各种应付、暂收款项时，借记"管理费用"等科目，贷记"其他应付款"科目；支付或退回其他各种应付、暂收款项时，借记"其他应付款"科目，贷记"银行存款"等科目。

（五）应付利息

应付利息核算企业按照合同约定应支付的利息，包括短期借款、分期付息到期还本的长期借款、企业债券等应支付的利息。企业应当设置"应付利息"科目，按照债权人设置明细科目进行明细核算，该科目期末贷方余额反映企业按照合同约定应支付但尚未支付的利息。

企业采用合同约定的名义税率计算确定利息费用时，应按合同约定的名义利率计算确定的应付利息的金额，记入"应付利息"科目；实际支付利息时，借记"应付利息"科目，贷记"银行存款"等科目。

（六）应付股利

应付股利是指企业根据股东大会或类似机构审议批准的利润分配方案确定分配给投资者的现金股利或利润。企业通过"应付股利"科目，核算企业确定或宣告支付但尚未实际支付的现金股利或利润。该科目贷方登记应支付的现金股利或利润，借方登记实际支付的现金股利或利润，期末贷方余额反映企业应付未付的现金股利或利润。该科目应按照投资者设置明细科目进行明细核算。

企业根据股东大会或类似机构审议批准的利润分配方案，确认应付给投资者的现金股利或利润时，借记"利润分配——应付现金股利或利润"科目，贷记"应付股利"科目；向投资者实际支付现金股利或利润时，借记"应付股利"科目，贷记"银行存款"等科目。

此外，需要说明的是，企业董事会或类似机构通过的利润分配方案中拟分配的现金股利或利润，不进行账务处理，不作为应付股利核算，但应在附注中披露。企业分配的股票股利不通过"应付股利"科目核算。

四、应付职工薪酬

（一）应付职工薪酬的内容

职工薪酬是指企业为获得职工提供的服务而给予各种形式的报酬以及其他相关支出。这里所称"职工"比较宽泛，包括三类人员：一是与企业订立劳动合同的所有人员，含全职、兼职和临时职工；二是未与企业订立劳动合同、但由企业正式任命的企业治理层和管理层人员，如董事会成员、监事会成员等；三是在企业的计划和控制下，虽未与企业订立劳动合同或未由其正式任命，但为其提供与职工类似服务的人员，也属于职工范畴。

职工薪酬主要包括以下内容。

第一，职工工资、奖金、津贴和补贴，是指按照国家统计局《关于职工工资总额组成的规定》，构成工资总额的计时工资、计件工资、支付给职工的超额劳动报酬和增收节支的劳动报酬、为了补偿职工特殊或额外的劳动消耗和因其他特殊原则支付给职工的津贴，以及为了保证职工工资水平不受物价影响支付给职工的物价补贴等。企业按规定支付给职工的加班加点工资，根据国家法律、法规和政策规定，企业在职工因病、产假、婚丧假、事假、探亲假、定期休假、停工学习、执行国家或社会义务等特殊情况下，按照计时工资或计件工资标准的一定比例支付的工资，也属于职工工资范畴，在职工休假时，不应当从工资总额中扣除。

第二，职工福利费，主要是尚未实行主辅分离、辅业改制的企业，内设医务室、职工浴室、理发室、托儿所等集体福利机构人员的工资、医务经费，职工因公负伤赴外地就医路费。职工生活困难补助，以及按照国家规定开支的其他职工福利支出。

第三，医疗保险费、养老保险费、失业保险费、工伤保险费和生育保险费等社会保险费，是指企业按照国家规定的基准和比例计算，向社会保险经办机构缴纳的医疗保险费、基本养老保险费、失业保险费、工伤保险费和生育保险费，以及根据《企业年金试行办法》《企业年金基金管理试行办法》等相关规定，向有关单位（企业年金基金账户管理人）缴纳的补充养老保险费。此外，以商业保险形式提供给职工的各种保险待遇也属于企业提供的职工薪酬。

第四，住房公积金，是指企业按照国务院《住房公积金管理条例》规定的基准和比例计算，向住房公积金管理机构缴存的住房公积金。

第五，工会经费和职工教育经费，是指企业为了改善职工文化生活、提高职工业务素质用于开展工会活动和职工教育及职业技能培训，根据国家规定的基准和比例，从成本费用中提取的金额。

第六，非货币性福利，是指企业以自己的产品或外购商品发放给职工作为福利，企业提供给职工无偿使用自己拥有的资产或租赁资产供职工无偿使用和为职工无偿提供服务等，比如，提供给企业高级管理人员使用的住房等，免费为职工提供诸如医疗保健的服务，或向职工提供企业支付了一定补贴的商品或服务等，比如，以低于成本的价格向职工出售住房等。

第七，因解除与职工的劳动关系给予的补偿，是指由于分离办社会职能、实施主辅分离、辅业改制、分流安置富余人员、实施重组、改组计划、职工不能胜任等原因，企业在职工劳动合同尚未到期之前解除与职工的劳动关系，或者为鼓励职工自愿接受裁减而提出补偿建议的计划中给予职工的经济补偿，即国际财务报告准则中所指的辞退福利。

第八，其他与获得职工提供的服务相关的支出，是指除上述七种薪酬以外的其他为获得职工提供的服务而给予的薪酬，比如，企业提供给职工以权益形式结算的认股权、以现金形式结算但以权益工具公允价值为基础确定的现金股票增值权等。

总之，从薪酬的涵盖时间和支付形式来看，职工薪酬包括企业在职工在职期间和离职后给予的所有货币性薪酬和非货币性福利；从薪酬的支付对象来看，职工薪酬包括提供给职工本人和其配偶、子女或其他被赡养人的福利，比如，支付给因公伤亡职工的配偶、子女或其他被赡养人的抚恤金。

（二）应付职工薪酬的账务处理

企业应当设置"应付职工薪酬"科目，核算应付职工薪酬的提取、结算、使用等情况。该科目的贷方登记已分配计入有关成本费用项目的职工薪酬的数额，借方登记实际发放职工薪酬的数额，包括扣还的款项等；该科目期末贷方余额，反映企业应付未付的职工薪酬。"应付职工薪酬"科目应当按照"工资""职工福利""社会保险费""住房公积金""工会经费""职工教育经费""非货币性福利"等应付职工薪酬项目设置明细科目，进行明细核算。应付职工薪酬的账务处理主要包括确认和发放两个方面。

1. 确认应付职工薪酬。

（1）货币性职工薪酬：企业应当在职工为其提供服务的会计期间，根据职工提供服务的受益对象，将应确认的职工薪酬（包括货币性薪酬和非货币性福利）计入相关资产成本或当期损益，同时确认应付职工薪酬。具体分别按以下情况处理。

生产部门人员的职工薪酬，借记"生产成本""制造费用""劳务成本"等科目，贷记"应付职工薪酬"科目；管理部门人员的职工薪酬，借记"管理费用"科目，贷记"应付职工薪酬"科目；销售人员的职工薪酬，借记"销售费用"科目，贷记"应付职工薪酬"科目；应由在建工程、研发支出负担的职工薪酬，借记"在建工程""研发支出"科目，贷记"应付职工薪酬"科目。

企业在计量应付职工薪酬时，应当注意国家是否有相关的明确计提标准加以区别处理。一般而言，企业应向社会保险经办机构（或企业年金基金账户管理人）缴纳的医疗保险费、养老保险费、失业保险费、工伤保险费、生育保险费等社会保险费，应向住房公积金管理中心缴存的住房公积金，以及应向工会部门缴纳的工会经费等，国家（或企业年金计划）统一规定了计提基础和计提比例，应当按照国家规定的标准计提；而职工福利费等职工薪酬，国家（或企业年金计划）没有明确规定计提基础和计提比例，企业应当根据历史经验数据和实际情况，合理预计当期应付职工薪酬。当期实际发生金额大于预计金额的，应当补提应付职工薪酬；当期实际发生金额小于预计金额的，应当冲回多提的应付职工薪酬。

（2）非货币性职工薪酬：企业以其自产产品作为非货币性福利发放给职工的，应当根据受益对象，按照该产品的公允价值，计入相关资产成本或当期损益，同时确认应付职工薪酬，借记"管理费用""生产成本""制造费用"等科目，贷记"应付职工薪酬——非货币性福利"科目。

将企业拥有的房屋等资产无偿提供给职工使用的，应当根据受益对象，将该住房每期应计提的折旧计入相关资产成本或当期损益，同时确认应付职工薪酬，借记"管理费用""生产成本""制造费用"等科目，贷记"应付职工薪酬——非货币性福利"科目，并且同时借记"应付职工薪酬——非货币性福利"科目，贷记"累计折旧"科目。

租赁住房等资产供职工无偿使用的，应当根据受益对象，将每期应付的租金计入相关资产成本或当期损益，并确认应付职工薪酬，借记"管理费用""生产成本""制造费用"等科目，贷记"应付职工薪酬——非货币性福利"科目。

难以认定受益对象的非货币性福利，直接计入当期损益和应付职工薪酬。

2. 发放职工薪酬。

（1）支付职工工资、奖金、津贴和补贴：企业按照有关规定向职工支付工资、奖金、津贴等，借记"应付职工薪酬——工资"科目，贷记"银行存款""库存现金"等科目；企业从应付职工薪酬中扣还的各种款项（代垫的家属药费、个人所得税等），借记"应付职工薪酬"科目，贷记"银行存款""库存现金""其他应收款""应交税费——应交个人所得税"等科目。

实务中，企业一般在每月发放工资前，根据"工资结算汇总表"中的"实发金额"栏的合计数向开户银行提取现金，借记"库存现金"科目，贷记"银行存款"科目，然后再向职工发放。

（2）支付职工福利费：企业向职工食堂、职工医院、生活困难职工等支付职工福利费时，借记"应付职工薪酬——职工福利"科目，贷记"银行存款""库存现金"等科目。

（3）支付工会经费、职工教育经费和缴纳社会保险费、住房公积金：企业支付工会经费和职工教育经费用于工会运作和职工培训，或按照国家有关规定缴纳社会保险费或住房公积金时，借记"应付职工薪酬——工会经费（或职工教育经费、社会保险费、住房公积金）"科目，贷记"银行存款""库存现金"等科目。

（4）发放非货币性福利：企业以自产产品作为职工薪酬发放给职工时，应确认主营业务收入，借记"应付职工——薪酬非货币性福利"科目，贷记"主营业务收入"科目，同时结转相关成本，涉及增值税销项税额的，还应进行相应的处理。

企业支付租赁住房等资产供职工无偿使用所发生的租金，借记"应付职工薪酬——非货币性福利"科目，贷记"银行存款"等科目。

五、应交税费

（一）应交税费概述

企业根据税法规定应交纳的各种税费包括：增值税、消费税、营业税、城市维护建设税、资源税、所得税、土地增值税、房产税、车船税、城镇土地使用税、教育费附加、矿产资源补偿费、印花税、耕地占用税等。

企业应通过"应交税费"科目，总括反映各种税费的交纳情况，并按照应交税费的种类进行明细核算。该科目贷方登记应交纳的各种税费等，借方登记实际交纳的税费；期末余额一般在贷方，反映企业尚未交纳的税费，期末余额如在借方，反映企业多交或尚未抵扣的税费。

企业交纳的印花税、耕地占用税等不需要预计应交数的税金，不通过"应交税费"科目核算。

(二) 应交增值税

1. 增值税概述。增值税是以商品（含应税劳务）在流转过程中产生的增值额作为计税依据而征收的一种流转税。按照我国增值税法的规定，增值税的纳税人是在我国境内销售货物、进口货物，或提供加工、修理修配劳务的企业单位和个人。按照纳税人的经营规模及会计核算的健全程度，增值税纳税人分为一般纳税人和小规模纳税人。一般纳税人应纳增值税税额根据当期销项税额减去当期进项税额计算确定；小规模纳税人应纳增值税税额，按照销售额和规定的征收率计算确定。

在税收征管上，从世界各国来看，一般都实行凭购物发票进行抵扣。按照《中华人民共和国增值税暂行条例》规定，企业购入货物或接受应税劳务支付的增值税（即进项税额），可从销售货物或提供劳务按规定收取的增值税（即销项税额）中抵扣。准予从销项税额中抵扣的进项税额通常包括：①从销售方取得的增值税专用发票上注明的增值税税额；②从海关取得的完税凭证上注明的增值税税额。

2. 一般纳税企业的账务处理。为了核算企业应交增值税的发生、抵扣、交纳、退税及转出等情况，应在"应交税费"科目下设置"应交增值税"明细科目，并在"应交增值税"明细账内设置"进项税额""已交税金""销项税额""出口退税""进项税额转出"等专栏。

（1）采购商品和接受应税劳务：企业从国内采购商品或接受应税劳务等，根据增值税专用发票上记载的应计入采购成本或应计入加工、修理修配等物资成本的金额，借记"固定资产""材料采购""在途物资""原材料""库存商品"或"生产成本""制造费用""委托加工物资""管理费用"等科目，根据增值税专用发票上注明的可抵扣的增值税税额，借记"应交税费——应交增值税（进项税额）"科目，按照应付或实际支付的总额，贷记"应付账款""应付票据""银行存款"等科目。购入货物发生的退货，进行相反的会计分录。

根据修订后的增值税暂行条例，企业购进固定资产所支付的增值税税额，允许在购置当期全部一次性扣除。

按照增值税暂行条例，企业购入免征增值税货物，一般不能够抵扣增值税销项税额。但是对于购入的免税农产品，可以按照买价和规定的扣除率计算进项税额，并准予从企业的销项税额中抵扣。企业购入免税农产品，按照买价和规定的扣除率计算进项税额，借记"应交税费——应交增值税（进项税额）"科目，按买价扣除按规定计算的进项税额后的差额，借记"材料采购""原材料""商品采购""库存商品"等科目，按照应付或实际支付的价款，贷记"应付账款""银行存款"等科目。

（2）进项税额转出：企业购进的货物发生非常损失，以及将购进货物改变用途（如用于非应税项目、集体福利或个人消费等），其进项税额应通过"应交税费——应交增值税（进项税额转出）"科目转入有关科目，借记"待处理财产损溢""在建工程""应付职工薪酬"等科目，贷记"应交税费——应交增值税（进项税额转出）"科目；属于转作待处理财产损失的进项税额，应与遭受非常损失的购进货物、在产品或库存商品的成本一并处理。

购进货物改变用途通常是指购进的货物在没有经过任何加工的情况下，对内改变用途的行为，如企业下属医务室等福利部门领用原材料等。

（3）销售物资或者提供应税劳务：企业销售货物或者提供应税劳务，按照营业收入和应收取的增值税税额，借记"应收账款""应收票据""银行存款"等科目，按专用发票上注明的增值税税额，贷记"应交税费——应交增值税（销项税额）"科目，按照实现的营业收入，贷记"主营业务收入""其他业务收入"等科目。发生的销售退回，进行相反的会计分录。

此外，企业将自产、委托加工或购买的货物分配给股东，应当参照企业销售物资或者提供应税劳务进行会计处理。

（4）视同销售行为：企业的有些交易和事项从会计角度看不属于销售行为，不能确认销售收入，但是按照税法规定，应视同对外销售处理，计算应交增值税。视同销售需要交纳增值税的事项，如企业将自产或委托加工的货物用于非应税项目、集体福利或个人消费，将自产、委托加工或购买的货物作为投资、分配给股东或投资者、无偿赠送他人等。在这些情况下，企业应当借记"在建工程""长期股权投资""营业外支出"等科目，贷记"应交税费——应交增值税（销项税额）"科目等。

（5）交纳增值税：企业交纳的增值税，借记"应交税费——应交增值税（已交税金）"科目，贷记"银行存款"科目。"应交税费——应交增值税"科目的贷方余额，表示企业应交纳的增值税。

3. 小规模纳税企业的账务处理。小规模纳税企业应当按照不含税销售额和规定的增值税征收率计算交纳增值税，销售货物或提供应税劳务时只能开具普通发票，不能开具增值税专用发票。小规模纳税企业不享有进项税额的抵扣权，其购进货物或接受应税劳务支付的增值税直接计入有关货物或劳务的成本。因此，小规模纳税企业只需在"应交税费"科目下设置"应交增值税"明细科目，不需要在"应交增值税"明细科目中设置专栏，"应交税费——应交增值税"科目贷方登记应交纳的增值税，借方登记已交纳的增值税；期末贷方余额为尚未交纳的增值税，借方余额为多交纳的增值税。

小规模纳税企业购进货物和接受应税劳务时支付的增值税，直接计入有关货物和劳务的成本，借记"材料采购""在途物资"等科目，贷记"银行存款"科目。

此外，企业购入材料不能取得增值税专用发票的，比照小规模纳税企业进行处理，发生的增值税计入材料采购成本，借记"材料采购""在途物资"等科目，贷记"银行存款"等科目。

（三）应交消费税

1. 消费税概述。消费税是指在我国境内生产、委托加工和进口应税消费品的单位和个人，按其流转额交纳的一种税。消费税有从价定率和从量定额两种征收方法。采取从价定率方法征收的消费税，以不含增值税的销售额为税基，按照税法规定的税率计算。企业的销售收入包含增值税的，应将其换算为不含增值税的销售额。采取从量定额计征的消费税，根据按税法确定的企业应税消费品的数量和单位应税消费品应缴纳的消费税计算确定。

2. 应交消费税的账务处理。企业应在"应交税费"科目下设置"应交消费税"明细科目，核算应交消费税的发生、交纳情况。该科目贷方登记应交纳的消费税，借方登记已交纳的消费税；期末贷方余额为尚未交纳的消费税，借方余额为多交纳的消费税。

（1）销售应税消费品：企业销售应税消费品应交的消费税，应借记"营业税金及附加"科目，贷记"应交税费——应交消费税"科目。

（2）自产自用应税消费品：企业将生产的应税消费品用于在建工程等非生产机构时，按规定应交纳的消费税，借记"在建工程"等科目，贷记"应交税费——应交消费税"科目。

（3）委托加工应税消费品：企业如有应交消费税的委托加工物资，一般应由受托方代收代缴税款，受托方按照应交税款金额，借记"应收账款""银行存款"等科目，贷记"应交税费——应交消费税"科目。受托加工或翻新改制金银首饰按照规定由受托方交纳消费税。

委托加工物资收回后，直接用于销售的，应将受托方代收代缴的消费税计入委托加工物资的成本，借记"委托加工物资"等科目，贷记"应付账款""银行存款"等科目；委托加工物资收回后用于连续生产的，按规定准予抵扣的，应按已由受托方代收代缴的消费税，借记"应交税费——应交消费税"科目，贷记"应付账款""银行存款"等科目。

（四）应交营业税

1. 营业税概述。营业税是对在我国境内提供应税劳务、转让无形资产或销售不动产的单位和个人征收的流转税。其中：应税劳务是指属于交通运输业、建筑业、金融保险业、邮电通信业、文化体育业、娱乐业、服务业税目征收范围内的劳务，不包括加工、修理修配等劳务；转让无形资产，是指转让无形资产的所有权或使用权的行为；销售不动产，是指有偿转让不动产的所有权，转让不动产的有限产权或永久使用权，以及单位将不动产无偿赠予他人等视同销售不动产的行为。

营业税以营业额作为计税依据。营业额是指纳税人提供应税劳务、转让无形资产和销售不动产而向对方收取的全部价款和价外费用。税率从3%~20%不等。

2．应交营业税的账务处理。企业应在"应交税费"科目下设置"应交营业税"明细科目，核算应交营业税的发生、交纳情况。该科目贷方登记应交纳的营业税，借方登记已交纳的营业税，期末贷方余额为尚未交纳的营业税。

企业按照营业额及其适用的税率，计算应交的营业税，借记"营业税金及附加"科目，贷记"应交税费——应交营业税"科目；企业出售不动产时，计算应交的营业税，借记"固定资产清理"等科目，贷记"应交税费——应交营业税"科目；实际交纳营业税时，借记"应交税费——应交营业税"科目，贷记"银行存款"科目。

（五）其他应交税费

其他应交税费是指除上述应交税费以外的应交税费，包括应交资源税、应交城市维护建设税、应交土地增值税、应交所得税、应交房产税、应交城镇土地使用税、应交车船税、应交教育费附加、应交矿产资源补偿费、应交个人所得税等。企业应当在"应交税费"科目下设置相应的明细科目进行核算，贷方登记应交纳的有关税费，借方登记已交纳的有关税费，期末贷方余额表示尚未交纳的有关税费。

1．应交资源税。资源税是对在我国境内开采矿产品或者生产盐的单位和个人征收的税。资源税按照应税产品的课税数量和规定的单位税额计算。开采或生产应税产品对外销售的，以销售数量为课税数量；开采或生产应税产品自用的，以自用数量为课税数量。

对外销售应税产品应交纳的资源税应记入"营业税金及附加"科目，借记"营业税金及附加"科目，贷记"应交税费——应交资源税"科目；自产自用应税产品应交纳的资源税应记入"生产成本""制造费用"等科目，借记"生产成本""制造费用"等科目，贷记"应交税费——应交资源税"科目。

2．应交教育费附加。教育费附加是为了发展教育事业而向企业征收的附加费用，企业按应交流转税的一定比例计算交纳。企业应交的教育费附加，借记"营业税金及附加"等科目，贷记"应交税费——应交教育费附加"科目。

3．应交房产税、城镇土地使用税、车船税和矿产资源补偿费。房产税是国家对在城市、县城、建制县和工矿区征收的由产权所有人缴纳的一种税，房产税依照房产原值一次减除10%～30%后的余额计算交纳。没有房产原值作为依据的，由房产所在地税务机关参考同类房产核定；房产出租的，以房产租金收入为房产税的计税依据。

城镇土地使用税是国家为了合理利用城镇土地，调节土地级差收入，提高土地使用效益，加强土地管理而征收的一种税，以纳税人实际占用的土地面积为计税依据，依照规定税额计算征收。

车船税由拥有并且使用车船的单位和个人按照适用税额计算交纳。

矿产资源补偿费是对在我国领域和管辖海域开采矿产资源而征收的费用。矿产资源补偿费按照矿产品销售收入的一定比例计征，由采矿人交纳。

企业应交的房产税、城镇土地使用税、车船税、矿产资源补偿费，记入"管理费用"科，借记"管理费用"科目，贷记"应交税费——应交房产税（或应交城镇土地使用税、应交车船税、应交矿产资源补偿费）"科目。

4．应交个人所得税。企业按规定计算的代扣代缴的职工个人所得税，借记"应付职工薪酬"科目，贷记"应交税费——应交个人所得税"科目；企业交纳个人所得税时，借记"应交税费——应交个人所得税"科目，贷记"银行存款"等科目。

第二节 非流动负债

一、非流动负债概述

非流动负债是指偿还期限大于1年或者1年以上的一个营业周期的债务，是向债权人筹集可供企业长期使用的资金。

(一) 非流动负债的特点

非流动负债除具有负债的共同特点外，它与流动负债存在以下方面的不同点：①偿还期不同。非流动负债的偿还期期限超过1年或一个营业周期；流动负债则需要在1年内或一个营业周期内偿还；②举债的目的不同。举借非流动负债的目的一般是为了扩展经营规模，增加固定资产、无形资产等长期资产；而举借流动负债的目的一般是为了满足经营周转的需要；③负债的数额不同。非流动负债的数额一般都比较大，流动负债的数额一般比较小。由于非流动负债的数额较大，所以企业必须按计划在非流动负债到期之前事先筹措偿债所需资金；④非流动负债的部分借款费用要予以资本化。如果企业通过非流动负债形式筹集资金专门用于固定资产建设，所发生的在达到固定资产预定可使用状态前的借款费用可予以资本化。

非流动负债相对于投入股本（或资本）而言，对投资者有以下几个优点：①举借非流动负债不影响企业原有的资本（或股权）结构。举借非流动负债不影响企业原有的资本，有利于保持原有投资者（或股东）控制企业的权力。作为股份有限公司一般也不会影响股票价格。增发股票将会稀释每股收益额，从而导致股票价格的下跌；②举借非流动负债可以增加投资者（或股东）所得的盈余。长期债权人在企业的经营决策中通常没有表决权，不论企业经营状况如何，都将按照固定的利率获取利息，不参与企业剩余利益的分配。所以，如果企业经营所获得的投资利润率高于非流动负债的固定利率，剩余利益将全部归投资者（或股东）所有；③分来的股利收入不能税前扣除。在缴纳所得税时，非流动负债的利息支出除资本化以外的利息，可以作为正常的经营费用从利润总额中扣减，但股利则只能在税后利润中支付，不能作为纳税扣减项目。

非流动负债对企业来说，无论企业经营状况如何，均需支付固定的利息费用；由于有固定的偿还期限，给企业造成到期还款的压力；债权人对企业财产有优先求偿权等。

（二）非流动负债的内容

非流动负债一般分为长期借款、长期债券、长期应付款和专项应付款等。

1．长期借款。长期借款是指企业向银行和其他金融机构借入的、偿还期在1年以上或超过1年的一个营业周期的债务。它具有借款期限较长、到期无条件还本付息、债权人单一、所借款项不能进行交易等特点。

2．长期债券。长期债券是企业对外发行并承诺于一定时期还本付息的一种长期借款性质的书面证明。公司债券一般具有期限较长、债券到期无条件还本付息、筹资范围大、能进行交易等特点。

3．长期应付款。长期应付款是指企业除长期借款、长期债券以外的其他长期应付款项，主要包括以分期付款方式购入固定资产和无形资产发生的应付账款、应付融资租入固定资产的租赁费等。

4．专项应付款。专项应付款主要包括企业取得的、国家指定为资本性投入的具有专项或特定用途的款项，如属于工程项目的资本性拨款等。

二、长期借款

（一）长期借款概述

长期借款一般用于固定资产的构建、改扩建工程、大修理工程、对外投资以及为了保持长期经营能力等方面。它是企业非流动负债的重要组成部分，必须加强管理与核算。

由于长期借款的使用关系到企业的生产经营规模和效益，企业除了要遵守有关的贷款规定、编制借款计划并要有不同形式的担保外，还应监督借款的使用、按期支付长期借款的利息以及按规定的期限归还借款本金等。因此，长期借款会计处理的基本要求是反映和监督企业长期借款的借入、借款利息的结算和借款本金的归还情况，促使企业遵守信贷纪律、提高信用等级，同时也要确保长期借款发挥效益。

（二）长期借款的账务处理

企业借入各种长期借款、按实际收到的款项，借记"银行存款"科目贷记"长期借款——本金"科目；按其差额，借记"长期借款——利息调整"科目。

在资产负债表日，企业应按长期借款的摊余成本和实际利率计算确定的长期借款的利息费用，借记"在建工程""财务费用""制造费用"等科目，按借款本金和合同利率计算确定的应付未付利息，贷记"应付利息"科目（对于一次还本付息的长期借款，贷记"长期借款——应计利息"科目），按其差额，贷记"长期借款——利息调整"科目。

企业归还长期借款，按归还的长期借款本金，借记"长期借款——本金"科目，按转销的利息调整金额，贷记"长期借款——利息调整"科目，按实际归还的款项，贷记"银行存款"科目，按其差额，借记"在建工程""财务费用""制造费用"等科目。

企业应通过"长期借款"科目，核算长期借款的借入、归还等情况。该科目可按照贷款单位和贷款种类设置明细账，分别以"本金""利息调整"等进行明细核算。该科目的贷方登记长期借款本息的增加额，借方登记本息的减少额，贷方余额表示企业尚未偿还的长期借款。

长期借款的账务处理包括取得长期借款、发生利息、归还长期借款等环节。

1. 取得长期借款。企业借入长期借款，应按实际收到的金额，借记"银行存款"科目，贷记"长期借款——本金"科目；如存在差额，还应借记"长期借款——利息调整"科目。

2. 长期借款利息。长期借款利息费用应当在资产负债表日按照实际利率法计算确定，实际利率与合同利率差异较小的，也可以采用合同利率计算确定利息费用。长期借款计算确定的利息费用，应当按以下原则计入有关成本、费用：属于筹建期间的，计入管理费用；属于生产经营期间的，计入财务费用。如果长期借款用于购买、建造固定资产等符合资本化条件的资产，在资产尚未达到预定可使用状态前，所发生的利息支出数应当资本化，计入在建工程等相关资产成本；资产达到预定可使用状态后发生的利息支出，以及按规定不予资本化的利息支出，计入财务费用。长期借款按合同利率计算确定的应付未付利息，记入"应付利息"科目，借记"在建工程""制造费用""财务费用""研发支出"等科目，贷记"应付利息"科目。

3. 归还长期借款。企业归还长期借款的本金时，应按归还的金额，借记"长期借款——本金"科目，贷记"银行存款"科目；按归还的利息，借记"应付利息"科目，贷记"银行存款"科目。

三、应付债券

（一）应付债券概述

应付债券是指企业为筹集（长期）资金而发行的债券。企业通过发行债券取得资金是以将来履行归还购买债券者的本金和利息的义务作为保证的。企业应当设置"企业债券备查簿"，详细登记每一企业债券的票面金额、债券票面利率、还本付息期限与方式、发行总额、发行日期和编号、委托代售单位、转换股份等资料。企业债券到期结清时，应当在备查簿内逐笔注销。

企业债券发行价格的高低一般取决于债券票面金额、债券票面利率、发行当时的市场利率以及债券期限的长短等因素。债券发行有面值发行、溢价发行和折价发行三种情况。企业债券按其面值出售的，称为面值发行。此外，债券还可能按低于或高于其面值的价格出售，即折价发行和溢价发行。折价发行是指债券以低于其面值的价格发行；而溢价发行则是指债券按高于其面值的价格发行。

（二）应付债券的账务处理

企业应设置"应付债券"科目，并在该科目下设置"面值""利息调整""应计利息"等明细科目，核算应付债券发行、计提利息、还本付息等情况。该科目贷方登记应付债券的本金和利息，借方登记归还的债券本金和利息，期末贷方余额表示企业尚未偿还的长期债券。

1. 发行债券。企业发行的一年期以上的债券，构成了企业的非流动负债。假设其他条件不变，债券的票面利率高于市场利率时，可按超过债券票面价值的价格发行，称为溢价发行，溢价是企业以后各期多付利息而事先得到的补偿；如果债券的票面利率低于市场利率，可按低于债券票面价值的价格发行，称为折价发行，折价是企业以后各期少付利息而预先给投资者的补偿；如果债券的票面利率与市场利率相同，可按票面价值的价格发行，称为面值发行。溢价或折价实质上是发行债券企业在债券存续期内对利息费用的一种调整。

无论是按面值发行，还是按溢价发行或折价发行，企业均应按债券面值记入"应付债券——面值"科目，实际收到的款项与面值的差额记入"应付债券——利息调整"科目。企业发行债券时，按实际收到的款项，借记"银行存款"等科目，按债券票面价值，贷记"应付债券——面值"科目，按实际收到的款项与票面价值之间的差额，贷记或借记"应付债券——利息调整"科目。企业按面值发行债券时，应按实际收到的金额，借记"银行存款"等科目，按债券票面金额，贷记"应付债券——面值"科目；存在差额的，还应借记或贷记"应付债券——利息调整"科目。

2. 发生债券利息。利息调整应在债券存续期间内采用实际利率法进行摊销。

企业发行的债券通常分为到期一次还本付息或分期付息、一次还本两种。资产负债表，对于分期付息、一次还本的债券，企业应按应付债券的摊余成本和实际利率计算确定的债券利息费用，借记"在建工程""制造费用""财务费用"等科目，按票面利率计算确定的应付未付利息，贷记"应付利息"科目，按其差额，借记或贷记"应付债券——利息调整"科目。

对于一次还本付息的债券，企业应于资产负债表按摊余成本和实际利率计算确定的债券利息费用，借记"在建工程""制造费用""财务费用"等科目，按票面利率计算确定的应付未付利息，贷记"应付债券——应计利息"科目，按其差额，借记或贷记"应付债券——利息调整"科目。

发行长期债券的企业应按期计提利息。对于按面值发行的债券，在每期采用票面利率计算计提利息时，应当按照与长期借款相一致的原则计入有关成本费用，借记"在建工程""制造费用""财务费用""研发支出"等科目；其中，对于分期付息、到期一次还本的债券，其按票面利率计算确定的应付未付利息通过"应付利息"科目核算，对于一次还本付息的债券，其按票面利率计算确定的应付未付利息通过"应付债券——应计利息"科目核算。应付债券按实际利率（实际利率与票面利率差异较小时也可按票面利率）计算确定的利息费用，应按照与长期借款相一致的原则计入有关成本、费用。

3. 债券的偿还。采用一次还本付息方式的，企业应于债券到期支付债券本息时，借记"应付债券——面值""应付债券——应计利息"科目，贷记"银行存款"科目。采用一次还本、分期付息方式的，在每期支付利息时，借记"应付利息"科目，贷记"银行存款"科目；债券到期偿还本金并支付最后一期利息时，借记"应付债券——面值""在建工程""财务费用""制造费用"等科目，贷记"银行存款"科目，按其差额，借记或贷记"应付债券——利息调整"科目。

长期债券到期，企业支付债券本息时，借记"应付债券——面值"和"应付债券——应计利息""应付利息"等科目，贷记"银行存款"等科目。

四、长期应付款

长期应付款包括应付融资租入固定资产的租赁费、以分期付款方式购入固定资产发生的应付款项等，应设置"长期应付款"账户，用以核算企业融资租入固定资产和以分期付款方式购入固定资产时应付的款项及偿还情况。该账户可按长期应付款的种类和债权人进行明细核算。[1]

---

[1] 贺兴俊. 长期应付款会计处理探讨[J]. 现代商业, 2016 (25): 160-161.

（一）应付融资租赁款

应村融资租赁款是指企业融资租入固定资产而发生的应付款，是在租赁开始日承租人应向出租人支付的最低租赁付款额。

融资租入固定资产时，在租赁开始日，按应计入固定资产成本的金额（租赁开始日租赁资产公允价值与最低租赁付款额现值两者中较低者，加上初始直接费用）借记"在建工程"或"固定资产"账户，按最低租赁付款额，贷记"长期应付款"账户，按发生的初始直接费用，贷记"银行存款"等账户，按其差额，借记"未确认融资费用"账户。按期支付融资租赁费时，借记"长期应付款——应付融资租赁款"账户，贷记"银行存款"账户。企业在计算最低租赁付款额的现值时，能够取得出租人租赁内含利率的，应当采用租赁内含利率作为折现率；否则，应当采用租赁合同规定的利率作为折现率。企业无法取得出租人的租赁内含利率且租赁合同没有规定利率的，应当采用同期银行贷款利率作为折现率。租赁内含利率是指在租赁开始日，使最低租赁收款额的现值与未担保余值的现值之和等于租赁资产公允价值与出租人的初始直接费用之和的折现率。

未确认融资费用应当在租赁期内各个期间进行分摊。企业应当采用实际利率法计算确认当期的融资费用。

（二）具有融资性质的延期付款购买资产

企业购买资产有可能延期支付有关价款。如果延期支付的购买价款超过正常信用条件，实质上是具有融资性质的，所购资产的成本应当以延期支付购买价款的现值为基础确定。实际支付的价款与购买价款的现值之间的差额，应当在信用期间内采用实际利率法进行摊销，计入相关资产成本或当期损益。具体来说，企业购入资产超过正常信用条件延期付款实质上具有融资性质时，应按购买价款的现值，借记"固定资产""在建工程"等科目，按应支付的价款总额，贷记"长期应付款"科目，按其差额，借记"未确认融资费用"科目。

第四章 审计概述

第一节 审计的产生和发展

审计是社会经济发展到一定阶段的必然产物,现代审计在企业、政府和整个社会经济中占据相当重要的地位。审计和会计一样有着悠久的历史,自其产生之时起,经过不断地完善和演化,至今已经形成一套比较完备的科学体系,为促进社会与经济的稳定发展发挥着重要的作用。

一、审计产生的客观基础

审计是一种社会经济现象,它是因社会经济发展的需求而产生的。随着社会经济的发展,只有当财产所有者与经营管理者出现了分离,形成委托和受托经济责任关系之后,才会产生对审计的需求。因而,受托经济责任关系的确立是审计产生和发展的客观基础。所谓受托经济责任(accountability)关系是指当财产管理制度发展至出现了财产所有权和管理权分离时,财产所有者将财产的经营管理权委托给财产管理者而形成的一种委托和受托关系。

在奴隶社会和封建社会,奴隶主和封建主阶级为了巩固其统治地位,通过征税来维持其生存,而征税的人员都是由最高统治者委托的代理官吏来担任的。最高统治者和代理官吏之间便构成了受托经济责任关系。这时,无论是最高统治者,还是一般的奴隶主和封建主,都非常关切其财产的安全完整，那么就有必要授权给独立于财税和会计活动以外的官员来进行审查，对被委托的代理人所经手的钱、财、物、账进行审核，证明代理人是否诚实地承担和履行了自己的受托经济责任。中外古代审计，都是在这样的客观条件下产生的。

随着社会经济的发展和生产规模的不断扩大，资本主义社会出现了以股份制为主要形式的生产经营企业。股份公司的股东对公司财产拥有所有权，但并不直接参与公司的生产经营管理，而是委托经理行使经营管理职能，这就使财产所有权与经营管理权日益分离。公司经理人员对股东的受托经济责任大大加强了，经理人员要以财务报表形式定期向股东汇报公司的经营状况和财务成果。而这些财务报表是否真实、正确，能否证明管理人员尽职尽责地履行了其承担的经济责任，更需要作为第三者的审计人员进行监督和审查，以保证股东和债权人的正当权益不受侵犯，这就促使了民间审计的产生。

在20世纪，随着经济贸易活动的日趋国际化，跨国公司不断涌现，导致了分权管理。在这种情况下，总公司的经理人员已不可能亲自搜集各种经营管理信息，不可能对各级管理层次和各个管理区域的管理者进行监督。为了审查各级管理者在所有权统一的前提下对总公司最高管理者所承担的受托经济责任，内部审计便应运而生。

在社会主义市场经济体制下，无论是国有企业还是公司制企业，同样实行财产所有权和经营管理权分离，企业管理者承担着各种受托经济责任。为了保护国家和投资者的合法权益，必须由独立的权威机构审查企业的财务收支情况，确认企业的会计资料是否真实、可靠，经济活动是否合法、合理，以确定和解除有关责任人的受托经济责任。社会主义国家的政府、人民团体和事业单位虽然不是生产经营组织，但它们同样负有节约财政开支、减少经费支出和提高工作效率的受托经济责任。因此，国家也要审查其财政、财务收支的合法性、合理性和真实性。

由此可见，无论是在奴隶社会、封建社会，还是在资本主义社会和社会主义社会，各种不同性质的审计都同财产所有权与经营管理权相分离而产生的受托经济责任关系有关。没有这种受托经济责任关系，就不可能产生审计行为。

二、审计关系理论

受托经济责任关系产生审计行为的同时，也形成了审计关系。审计关系是指一项审计行为必然涉及的审计人、被审计人和审计委托人三方之间所形成的经济责任关系。所以，审计关系由以下三种审计关系人组成。

第一关系人，即审计主体（审计机构或人员），称审计人。他们根据审计委托人的委托，对被审计单位的财务状况及有关人员履行受托经济责任情况进行验证、审查，并提出审查报告书或证明书。

第二关系人，即审计客体（被审计单位），称被审计人。他们接受审计委托人的授权，经营管理其资源财产，履行受托经济责任。其受托经济责任须经审计人验证审查后才能确定或解除。

第三关系人，即审计委托人。他们是资源财产的所有者，向被审计人提出履行经济责任的要求，使两者之间存在明确的受托经济责任关系，并接受审计人提出的审查报告书或证明书。

审计关系存在于一切审计工作之中，必须由审计人、被审计人和审计委托人三方构成。在这三种审计关系人中，审计人、被审计人和审计委托人之间不存在任何经济利益关系，必须处于独立的地位。这就是所谓审计机构或人员的独立性。

三、审计的发展

审计以维系受托经济责任为基础，以加强经济管理和控制为动力，以保证受托经济责任得到全面有效履行为目的。在现代社会科学高速发展的背景下，审计遵循着自身的运行规律，在丰富的社会经济实践中不断发展，日渐成熟。

（一）审计主体的发展

审计主体是指执行审计的组织和机构，即审计活动的执行者。审计主体一般包括政府审计、民间审计和内部审计。

1. 政府审计的发展。在西方国家，随着生产力的发展和受托经济责任关系的出现，早期的政府审计也应运而生。据考证，早在奴隶制度下的古罗马、古埃及和古希腊时期，就已建立官厅审计机构，设有监督官一职。监督官以"听证"方式对掌管国家财物和赋税的官吏进行审查和考核，该工作是具有审计性质的经济监督工作。到中世纪，西方国家的封建王朝中大都设有审计机构和审计人员，对国家的财政收支进行监督。在西方国家中，英国的政府审计有着悠久的历史。1866年，《国库和审计部法案》在伦敦议会通过，标志着现代英国政府审计制度的建立。美国在1921年成立了会计总署（现已更名为"政府责任署"）。会计总署是隶属于国会的一个独立经济监督机构，它担负着为国会行使立法权和监督权提供审计信息和建议的重要职责。会计总署和总审计长置于总统管辖以外，独立行使审计监督权。

我国的政府审计活动起源于西周的宰夫。宰夫独立于财计部门，行使就地稽核之权，履行财政经济的监督职能，标志着我国政府审计的产生。秦汉时期在中央设"御史大夫"一职，掌管政治、军事的监察及行使经济监督之权，控制和监督财政收支活动。隋唐至宋代，我国政府审计进入了发展兴旺时期。隋朝开创了一代新制，设置"比部"，隶属于都官或刑部，掌管国家财计监督，行使审计职权。唐朝进一步发展和完善了隋朝以来的三省六部制，比部仍隶属于刑部，但其审查范围更加广泛，而且具有很强的独立性和较高的权威性。宋朝则专门设置了"审计司（院）"，这是我国"审计"的正式命名。从此，"审计"一词就成为财政监督的专用名词。元明清各朝，君主专制日益强化，审计有所发展，但总体上处于停滞状态。元朝和明朝取消了比部，明朝和清朝设置了都察院，成为当时最高的监察、监督机关，但由于审计缺乏独立性，故其财计监督和审计职能被严重削弱。辛亥革命之后，中华民国于1912年设审计处，1914年北洋政府改为审计院，同年颁布了《审计法》。1928年，国民党政府也颁布了《审计法》和实施细则，次年还颁布了《审计组织法》，仍设审计院，后改为审计部，隶属于监察院。中华人民共和国成立之初，由于实行计划经济模式，国家没有设置独立的审计机构，基本上是以会计检查代替了审计监督。1982年修改的《中华人民共和国宪法》规定，我国建立政府审计机构，实行审计监督制度，并于1983年9月在国务院设立了我国政府审计的最高机关审计署，在全国县以上各级人民政府设置各级审计机关。1988年10月颁发了《中华人民共和国审计条例》，1995年1月1日起实施《中华人民共和国审计法》，从法律上进一步确立了政府审计的地位，这标志着我国政府审计正在朝法治化、制度化和规范化的方向发展。

2. 民间审计的发展。民间审计起源于16世纪的意大利合伙企业制度，形成于英国股份制企业制度，发展和完善于美国发达的资本市场，是随着商品经济产生和发展起来的。1720年，英国"南海公司事件"发生，当时"南海公司"以虚假的会计信息诱骗众多投资者，令股票一度暴涨后又暴跌，最终破产倒闭，给投资者造成了巨大的损失。英国议会聘请会计师查尔斯·斯内尔对"南海公司"进行审计。1721年，斯内尔以"会计师"的名义出具了"查账报告书"，从而宣告了民间审计的诞生。1844年，英国政府为了保护股票持有者和债权人的利益颁布了《公司法》，规定股份公司必须设监察人，负责审查公司账目。1845年又对《公司法》进行了修订，规定股份公司的账目必须经董事以外的人员审计。这一规定无疑对发展民间审计起了推动作用。1853年，在苏格兰的爱丁堡创立了世界上第一个职业会计师团体——爱丁堡会计师协会。随后，英国出现多家会计师协会，民间审计队伍迅速扩大。1880年，英国五个地方的会计师团体进行合作，由皇家政府特许成立了英格兰及威尔士特许会计师协会（Institute of Chartered Accountants in England and Wales，ICAEW），从此奠定了以民间审计为主体的现代西方审计制度。这一时期的英国民间审计，没有成套的方法和理论依据，审计的目的只是查错揭弊，审计方法是对大量的账簿记录进行逐笔的详细审计。由于详细审计产生于英国，故也称英国式审计。

美国的民间审计开始于1883年，由英国传入。1887年，美国公共会计师协会成立，1917年，该协会更名为美国会计师协会，到1957年发展为美国注册会计师协会（American Institute of Certified Puhlic Accountants，AICPA），成为世界上最大的民间审计职业团体。早期的美国民间审计，多采用英国式的详细审计。20世纪初期，由于金融资本对产业资本更为广泛地渗透，企业同银行利益关系更加紧密，银行逐渐把企业资产负债表作为了解企业信用的主要依据，于是在美国产生了以证明企业偿债能力为主要目的的资产负债表审计，即信用审计，又称美国式审计。20世纪30年代，资本主义世界经历了历史上最严重的经济危机，大批企业倒闭，成千上万的投资者和债权人蒙受了巨大的经济损失。这从客观上促使企业利益相关者从只关心企业财务状况，转变到更加关心企业盈利水平，产生了对企业损益表进行审计的客观要求。美国1933年颁布的《证券法》规定，在证券交易所上市的公司财务报表都必须接受注册会计师审计，向社会公众公布注册会计师出具的审计报告。在这一时期，审计对象已转为全部财务报表；审计的主要目的是对财务报表发表意见，以确定财务报表的可信性；审计范围已扩大到测试相关的内部控制，并以控制测试为基础进行抽样审计；审计准则开始制定和实施，审计工作向标准化、规范化过渡；注册会计师资格考试制度广泛推行，注册会计师专业素质普遍提高。

第二次世界大战以后，各经济发达国家通过各种渠道推动本国的企业向海外拓展，跨国公司得到空前发展。国际资本的流动也带动了民间审计的跨国界发展，形成了一大批国际会计师事务所。随着这些国际会计师事务所的合并变更，时至今日已合并为"四大"国际会计师事务所，分别是普华永道（Pricewaterhouse Coopers）、安永（Ernst&Young）、毕马威（KPMG）和德勤（Deloitte Touche Tohmatsu）。与此同时，审计技术也在不断完善，抽样审计方法得到普遍运用，风险导向审计方法得到推广，计算机辅助审计技术被广泛采用。

中国注册会计师审计的历史比西方国家要短得多。1918年9月，北洋政府农商部颁布了我国第一部注册会计师法规——《会计师暂行章程》，并于同年批准著名会计学家谢霖先生为中国的第一位注册会计师，谢霖先生创办的中国第一家会计师事务所——正则会计师事务所也获批成立。之后，上海、天津、广州等地相继成立了许多会计师事务所。中华人民共和国成立之初，由于推行计划经济模式，中国的民间审计便悄然退出了经济舞台。直到1978年后我国实行"对外开放、对内搞活"的方针，党和政府的工作重点转移到经济建设上来，为注册会计师制度的恢复和重建创造了客观条件。1980年12月，财政部发布了《关于成立会计顾问处的暂行规定》，标志着我国民间审计行业开始复苏。1986年7月，国务院颁布了《中华人民共和国注册会计师条例》，标志着我国民间审计的发展进入了一个新阶段。1988年年底，中国注册会计师协会成立。1991年，恢复全国注册会计师统一考试。1994年1月1日，《中华人民共和国注册会计师法》实施。从此，我国民间审计开始迅猛发展。

3. 内部审计的发展。20世纪初，以美国为代表的资本主义国家经济日益发展，企业生产规模急剧扩大，涌现出大量的股份公司和垄断组织，其分支机构遍及各地，管理层次增多，企业内部只能采取分权管理体制。企业为了保证经营方针和管理制度的贯彻执行，必须对下属公司进行审查。因此，一些企业在内部设置专门机构和人员，由最高管理层授权，对其所属分支机构实行检查和监督。这是近代内部审计的早期阶段。1941年，美国纽约最早创建了内部审计师协会，并取得了内部审计理论研究的系列成果，内部审计获得了长足发展。1947年，该协会制定了《内部审计师职责说明》，之后又不断修订，并于1977年完成了《内部审计专业实务准则》，使内部审计的发展进入了高潮阶段。

我国的内部审计是随着政府审计的恢复和重建产生与发展的。1983年，在我国恢复政府审计监督制度的同时，审计署开始筹划我国内部审计工作。1985年，国务院发布了《内部审计暂行办法》，审计署根据该规定，发布了《关于内部审计工作的若干规定》，为内部审计发展提供了法律上的准则。1987年，在北京正式成立了中国内部审计协会。根据《审计法》的有关规定，1995年7月，审计署又颁布了《关于内部审计工作的规定》，进一步规范了我国内部审计工作。所有这些，都对我国内部审计的发展产生了巨大的影响，为内部审计的进一步完善创造了条件。

（二）民间审计方法的发展

一百多年来，由于审计环境的不断变化，民间审计为了实现审计目标，一直随着审计环境的变化不断调整审计方法，使审计方法沿着"账项基础审计—制度基础审计—风险导向审计"的轨迹发展。

1．账项基础审计。在审计发展的早期，由于企业组织结构简单，业务性质单一，民间审计主要是为了满足财产所有者对会计账目进行独立检查的要求而成立的。民间审计的重心在资产负债表，旨在发现错误和防止舞弊，审计方法是详细审计，即对全部会计凭证和账簿进行详细检查，因而被称为账项基础审计方法（accounting number-based audit approach）。它在审计方法史上占有十分重要的地位，直到现在仍被不同程度地采用。

2．制度基础审计。19世纪末，会计和审计步入了快速发展时期。民间审计的重点从检查受托责任人对资产的有效使用转向检查企业的资产负债表和损益表，判断企业的财务状况和经营成果是否真实和公允。由于企业规模日益扩大，经济活动和交易事项更加复杂，民间审计工作量和审计成本迅速增加，使详细审计难以实施。为了提高审计效率，注册会计师将审计的视角转向企业的管理制度，特别是会计信息赖以生成的内部控制，从而将内部控制与抽样审计结合起来。从20世纪50年代起，以控制测试为基础的抽样审计在西方国家得到广泛应用，这种审计方法要求注册会计师在了解被审计单位内部控制的基础上，确定其可信赖程度，进而确定审计的范围、重点和方法，因而被称为制度基础审计方法（system-based audit approach）。由于制度基础审计广泛采用抽样审计，减少了大量对凭证、账表进行检查、验证的时间和精力，提高了审计的效率，因此它是现代审计的重要标志之一。

3．风险导向审计。由于审计风险既受到企业固有风险因素的影响，如管理人员的品行和能力、行业所处环境、业务性质、容易产生错报的财务报表项目、容易遭受损失或被挪用的资产等导致的风险；又受到内部控制风险因素的影响，即账户余额或各类交易存在错报而内部控制未能防止、发现或纠正的风险;还受到注册会计师实施审计程序未能发现账户余额或各类交易存在错报风险的影响,故审计职业界很快开发出了审计风险模型。审计风险模型的出现,从理论上既解决了注册会计师以制度为基础采用抽样审计的随意性,又解决了审计资源的分配问题,要求注册会计师将审计资源分配到最容易导致财务报表出现重大错报的领域。这种以审计风险模型为基础进行的审计被称为风险导向审计方法(risk-oriented audit approach)。风险导向审计以风险评估为基础确定审计的重点和范围,从而降低了审计成本,提高了审计效率,使审计行为更科学。[①]

第二节 审计的概念和性质

一、审计的概念

对于什么是审计,目前在审计界并没有统一的概念。一般认为,审计是由独立的专职机构或人员接受委托或根据授权,按照法规和一定的标准,对被审计单位特定时期的财务报表和其他有关资料及其所反映的经济活动的真实性、合法性、合规性、公允性和效益性进行审查,并发表意见的一种具有独立性的经济监督、鉴证和评价活动。

世界各国的审计界都对审计概念进行了深入的研究,最具代表性的是美国会计学会(American Accounting Association,AAA)审计基本概念委员会发表于1973年的《基本审计概念说明》,该说明考虑了审计的过程和目标,将审计定义为:"审计是一个系统化过程,即通过客观地获取和评价有关经济活动与经济事项认定的证据,以证实这些认定与既定标准的符合程度,并将结果传达给有关使用者。"2010年《中华人民共和国审计法实

[①]成康.在企业风险管理中的风险导向型审计作用[J].现代审计与经济,2015(3):40,48.

施条例》提出的审计概念是："审计是审计机关依法独立检查被审计单位的会计凭证、会计账簿、财务会计报告以及其他与财政收支、财务收支有关的资料和资产，监督财政收支、财务收支真实、合法和效益的行为。"

二、审计的性质

审计的性质即审计的本质特征，是审计区别于其他工作的根本属性。审计是一种经济监督活动，与国家其他宏观经济管理部门一起，共同构成我国社会主义市场经济条件下的经济监督体系。但审计监督与其他经济监督有着本质的区别，其本质特征集中体现于独立性和权威性两方面。

（一）独立性

独立性是审计的重要特征。审计的独立性是保证审计工作顺利进行的必要条件。正因为审计具有独立性，审计结果才受到社会的信任，才能保证审计人员依法进行的经济监督活动客观公正。因而，审计的独立性表现在以下三个方面。

1. 机构独立。审计机构必须是独立的专职机构，应当独立于被审计单位之外，与被审计单位没有任何组织上的行政隶属关系，且不能受制于其他部门和单位，这样才能确保审计机构独立地行使审计监督权，对被审计事项做出客观公正的评价和鉴证。

2. 精神独立。审计人员执行审计业务，要保持精神上的独立，坚持客观公正、实事求是的精神，不受任何部门、单位和个人的干涉，独立地对被审查事项给出公允、合理的评价和结论。

3. 经济独立。审计机构或组织从事审计业务活动必须有一定的经费来源或经济收入，以保证其生存和发展所需。经济独立要求审计机构或组织的经济来源要有一定的法律、法规作保证，不受被审计单位的制约。即使是民间审计组织，也规定其除了正常的业务收费外，不允许与被审计单位有其他经济依附关系。

由此可见，审计监督不同于其他宏观经济管理部门的经济监督，审计是具有独立性的经济监督活动。审计工作本身一般不与其他专职业务相连，它既可以从宏观的高度对财政、金融、各级政府等部门的经济活动进行监督，也可以从微观的角度对具体的经营者进行检查监督，因此是一种专门的经济监督活动，具有最充分的独立性。

2022年1月1日施行的新《审计法》第十四条规定："审计机关和审计人员不得参加可能影响其依法独立履行审计监督职责的活动，不得干预、插手被审计单位及其相关单位的正常生产经营和管理活动。"我国《注册会计师法》第六条规定："注册会计师和会计师事务所依法独立、公正执行业务，受法律保护。"

（二）权威性

审计组织的权威性是与审计组织的独立性相关的。审计组织的权威性是审计监督正常发挥作用的重要保证。审计组织的权威性由以下两个方面决定。

1. 审计组织的地位和权力由法律明确规定。为了有效保证审计组织独立地行使审计监督权，各国法律对实行审计制度、建立审计机关以及审计机构的地位和权力都做出了明确规定。这样就使审计组织在地位和权力上的权威性在法律上得到了体现。例如，我国的《宪法》《审计法》《注册会计师法》等对政府审计机关、民间审计组织的设立、职权范围都做出了明确规定，我国的内部审计机构也是根据有关法律设置的，这些都充分体现了审计组织的法定地位和权威性。

2. 审计人员依法执行职务，受法律保护。法律规定，审计人员依法执行职务时，任何组织和个人不得拒绝、阻碍，不得打击报复审计人员；审计组织或人员以独立于企业所有者和经营者的"第三者"身份进行工作，且取得审计人员资格必须通过国家统一规定的严格考试，因而审计人员具有较高的专业知识，这就保证了其所从事的审计工作具有准确性、科学性。正因如此，审计人员的审计报告具有一定的社会权威性。

第三节 审计目标和对象

一、审计目标

审计目标是指在一定历史环境下，人们通过审计实践活动所期望达到的境地或最终结果。它是指导审计工作的指南。审计目标的确定，除受审计对象的制约外，还取决于审计的性质、审计职能和审计委托人对审计工作的要求。不同种类的审计，其审计目标是不相同的，如财务报表审计目标与经济效益审计目标就有所不同。审计目标概括起来，就是指审查和评价审计对象的真实性和公允性、合法性和合规性、合理性和效益性。

（一）真实性和公允性

审计的首要目标是审查和评价反映被审计单位财务收支及其有关经营活动的财务报表和其他有关资料的真实性和公允性。审查财务报表和其他有关资料的目的在于评价会计数据和其他相关经济数据的真实性和公允性，判明财务报表是否如实、公允地反映了被审计单位的财务状况、经营成果和现金流量，其记录和计算是否准确无误，有无夸大业绩和资产、隐瞒亏损和债务等情况，从而发现问题，并给出纠正的意见和建议。政府审计和内部审计侧重于审查真实性，而民间审计则侧重于审查公允性。

（二）合法性和合规性

审查和评价被审计单位财务收支及其有关经营活动的合法性和合规性是审计目标之一。审查被审计单位财务收支及其有关经营活动的目的在于评价被审计单位的财务收支及其有关经营活动是否符合国家的法律、法规，会计处理方法和财务报表编报是否符合会计准则和相关会计制度的规定，揭露和查处违法、违规行为，保护各方面资财的安全完整，保证审计委托人的利益不受侵犯，促进被审计单位和整个国民经济健康发展。

（三）合理性和效益性

审查和评价被审计单位财务收支及其有关经营活动的合理性和效益性也是审计目标之一。审查被审计单位财务收支及其有关经营活动的合理性的目的在于评价被审计单位的经营活动是否正常，是否符合事物发展的常理，是否符合企业经营管理的原则和要求。审查被审计单位财务收支及其有关经营活动的效益性的目的在于评价被审计单位的经营活动和资源利用是否讲究效率，经营活动有无经济效益，经营目标、决策、计划方案是否可行、是否讲求效果，并找出存在的不足及其原因，提出建设性的意见，促使被审计单位进一步改善经营管理活动，提高经济效益。

二、审计对象

审计对象是指审计监督的范围和内容。通常把审计对象概括为被审计单位的财务收支及其有关的经营管理活动。其中，被审计单位即审计的客体，也即审计的范围；财务收支及其经营管理活动即审计的内容。[①]具体地说，审计对象包括以下两个方面的内容。

（一）被审计单位的财务收支及其有关的经营管理活动

无论是传统审计还是现代审计，无论是政府审计还是内部审计、民间审计，都要求以被审计单位客观存在的财务收支及其有关的经营管理活动为审计对象，对其是否公允、合法、合规及其效益情况进行审查和评价，以便对被审计单位所承担的受托经济责任是否得到认真履行进行确定、解除和监督。根据我国《宪法》规定，政府审计的对象为国务院各部门和地方各级政府的财政收支、国家的财政金融机构和企业事业组织的财务收支。内部审计的对象为本部门、本单位的财务收支以及其他有关的经济活动。民间审计的对象为委托人指定的被审计单位的财务收支及其有关的经营管理活动。

---

①高震.关于审计对象相关问题的具体分析[J].现代经济信息，2017（2）：1.

（二）被审计单位的会计资料和其他有关资料

被审计单位的财务收支及其有关的经营管理活动需要通过会计资料和其他有关资料等信息载体反映出来。因此，审计对象还包括记载和反映被审计单位的财务收支，提供会计信息载体的会计凭证、会计账簿、财务报表等会计资料以及相关的计划、预算、经济合同等其他资料。提供被审计单位经营管理活动信息的载体，除上述会计、计划等资料以外，还有经营目标、预测、决策方案、经济活动分析资料、技术资料等其他资料，电子计算机的磁盘、光盘和进入网络系统的会计资料等信息载体。以上都是审计的具体对象。

综上所述，审计对象是指被审计单位的财务收支及其有关的经营管理活动，以及作为提供这些经营管理活动信息载体的会计资料和其他有关资料。会计资料和其他有关资料是审计对象的形式，其所反映的被审计单位的财务收支及其有关的经营管理活动才是审计对象的本质。

第四节 审计职能和作用

一、审计职能

审计职能是指审计本身所固有的、体现审计本质属性的内在功能。审计职能并不是一成不变的，它是随着社会经济的发展对审计需要的变化而不断发展变化的。目前在国内审计理论界对审计职能有不同的看法，影响较大的是三职能论，即审计具有经济监督、经济鉴证和经济评价三种职能，其中经济监督是基本职能，经济鉴证和经济评价是以经济监督为基础而派生出的职能。

第四章 审计概述

(一) 经济监督

监督是指监察和督促。经济监督是指有制约力的单位或机构监察和督促其他经济单位的经济活动符合一定的标准和要求,在规定的范围内沿正常轨道合理运行。

经济监督是审计最基本的职能。纵观审计产生和发展的历史,审计无不表现为经济监督的活动,履行着经济监督的职能。从政府审计来看,其审计活动就是国家各级政府对所属单位经济活动的综合监督。具体来说,就是对国家的财政收支和国有企业、事业单位的财政、财务收支及其相关的经营管理活动的真实性、合法性、合规性进行监督,并通过审查揭示错弊,督促被审计单位遵守国家的法律、法规,履行经济责任,使经济活动更加合法、有效。从内部审计来看,内部审计的主要职责同样是依照法规、内部经营目标和管理规定,对本部门、本单位的经济活动进行监察和督促,以保证对内部单位的有效管理,完成既定的管理目标。从民间审计来看,其也是代理审计委托者对被审计单位财务收支的合法性和公允性进行审查验证,纠正被审计单位在会计记录、经营管理方面的弊端和不足,从而实现对被审计单位的经济监督。审计监督可以严肃财经纪律,维护国家、人民和股东的利益,可以保证企业、事业单位经济活动的合法性。

(二) 经济鉴证

鉴证是指鉴定和证明。经济鉴证是指通过对被审计单位的财务报表及其他相关资料的审核和验证,证实被审计单位记载经济活动的有关资料是否合法和公允,并按审查结果向审计委托人出具书面报告,以取得审计委托人或社会公众的信任。

经济鉴证职能是随着现代审计的发展而出现的一项职能,它不断受到人们重视,日益强化,并显示其重要作用。不少国家的法律明文规定,企业的财务报表必须经过注册会计师的审查鉴证后,才可向财务报表的使用者及社会公众公布。随着社会主义市场经济的逐步确立,我国民间审计的经济鉴证职能也在不断发展与健全,表现为各类企业的财务报表必须经中国注册会计师审计并出具审计报告后,才可对外报出。因此,审计的经济鉴证职能在我国社会主义市场经济中将发挥越来越重要的作用。

(三)经济评价

经济评价就是通过审查验证,对被审计单位经营决策、计划、预算是否切实可行,经济活动及其结果是否完成了预定的目标,内部控制制度是否健全、有效等进行评定,从而有针对性地提出意见和建议,以促进其改善经营管理,提高经济效益。

在现代审计中,经济评价的职能更加重要。这是因为,经济监督的目的是保证经济活动的合法、有效,而经济评价则可在经济监督的基础上对被审计单位取得的成就、存在的不足给予更为深刻的揭示和说明,从而有助于被审计单位改进工作,进一步提高管理水平、增加经济效益。经济评价职能既突出地表现在政府审计的经济效益审计和内部审计的经营管理审计之中,也表现在民间审计对被审计单位内部控制的管理建议书中。

应该说明的是,不同的审计组织形式在审计职能的体现上的侧重点有所不同,政府审计和内部审计侧重于经济监督和经济评价,而民间审计则更侧重于经济鉴证。

二、审计作用

作用是指对某些事项产生的影响和效果。审计作用与审计职能紧密相连,是履行审计职能、实现审计目标过程中所产生的社会效果。审计主要有制约性和促进性两大作用。

(一)制约性作用

制约性作用是指在通过对被审计单位的财务收支及其有关的经营管理活动进行审核检查、监督和鉴证,确保财经法规和财务制度得到遵守和执行方面所起到的防护和制约作用。

在市场经济条件下,被审计单位报出的各种信息资料真实、正确、可靠与否,与国家、企业、投资人和债权人的经济利益直接相关。审计依其独立的身份对被审计单位报出的财务报表等资料进行审核、验证,可揭露各种错误与舞弊行为,以确保被审计单位对国家法律与法规、计划和预算的贯彻执行,以及报出的会计资料及其他资料的真实、可靠。这也是审计应发挥的最基本的作用。定期的和经常的审计制度,可以对违法和违纪行为形成制约和威慑,从而对维护国家财经法纪、保护所有者的权益、保证会计资料的正确和可靠起到制约性作用。

(二)促进性作用

促进性作用是指通过对被审计单位的经营管理活动和经营管理制度进行审查和评价,对被审计单位完善其内部控制制度、改善经营管理和提高经济效益起到建设性的促进作用。

通过对被审计单位经营管理活动及经营管理制度的审查和评价,确定其取得的成绩,并总结经验,提出进一步奋斗的方向;揭示其经营管理中存在的问题和管理制度上的薄弱环节,提出改进建议,促进其改善经营管理。通过对被审计单位经营管理活动所实现的经济效益进行审查和评价,揭示经营管理活动效益低下的环节,并深入分析原因,提出改进意见和建议,从而促使被审计单位改进生产和经营管理工作,提高经济效益。

第五章　销售与收款循环审计

第一节　销售与收款循环的概述

销售是工商企业的主要经营活动之一，而销售又与收取货款过程密切相关。一个企业的销售与收款循环是由同客户交换商品或劳务，以及收到现金收入等有关业务活动组成的。销售与收款循环的审计，通常可以相对独立于其他业务循环而单独进行。根据财务报表项目与业务循环的相关程度，销售与收款循环涉及的资产负债表项目主要包括应收票据、应收账款、长期应收款、预收款项、应交税费等；所涉及的利润表项目主要包括营业收入、营业税金及附加、销售费用等。

销售与收款循环的特征主要体现在两方面：一是该循环中的主要业务活动；二是该循环所涉及的主要凭证和会计记录。

一、主要业务活动

典型的销售与收款循环所涉及的主要业务活动，应包括以下十个方面的内容。

（一）接受客户订货单

客户提出订货要求是整个销售与收款循环的起点。客户的订货单只有在符合管理层的授权标准时，才能被接受。订单管理部门收到订货单后，应首先进行登记，再审核其内容和数量，以确定是否能够如期供货。订货单批准后，需编制一式多联的销售单。销售单是证明管理层对有关销售交易的"发生"认定的凭据之一，也是此笔销售交易轨迹的起点。

（二）批准赊销信用

批准赊销是由信用管理部门根据管理层的赊销政策和对每个客户已授权的信用额度来进行的。信用管理部门收到销售单后，应将销售单与该客户已被授权的赊销信用额度以及至今尚欠的账款余额加以比较。对每个新客户，信用管理部门都应进行信用调查，包括获取信用评审机构对客户信用等级的评定报告，从而决定能否批准赊销。批准赊销控制的目的是降低坏账风险。因此，这些控制与应收账款账面余额的"计价和分摊"认定有关。

（三）按销售单供货

经过信用管理部门批准的销售单将传递到仓库，作为仓库按销售单供货和发货给装运部门的授权依据。该项控制程序的目的是防止仓库在未经授权的情况下擅自发货。

（四）按销售单装运货物

将按经批准的销售单发货与按销售单装运货物职责相分离，有助于避免装运部门人员在未经授权的情况下装运产品。装运部门人员在装运之前，必须独立验证从仓库提取的货物是否都附有经批准的销售单，且所装运的货物是否与销售单一致。若符合要求，应填制一式多联的装运凭证。装运凭证提供了商品确实已装运的证据。因此，它是证实销售交易"发生"认定的另一种形式的凭据。

（五）向客户开具账单

开具账单包括编制和向客户寄送事先连续编号的销售发票。开具账单过程通常设立以下控制程序：开具账单部门职员在编制每张销售发票之前,独立检查是否存在经批准的销售单和装运凭证;根据已授权批准的商品价目表编制销售发票;独立检查销售发票计价和计算的正确性;将装运凭证上的货物总数与相应销售发票上的货物总数进行核对。这些控制程序有助于确保用于记录销售交易的销售发票的正确性。因此,这些控制与销售交易的"发生""完整性""准确性"认定有关。

(六)记录销售

记账人员根据销售发票等原始凭证编制转账凭证,登记应收账款明细账和销售明细账。记录销售的控制程序包括:只根据附有有效装运凭证和销售单的销售发票记录销售;控制所有事先连续编号的销售发票;独立检查已处理销售发票上的销售金额同会计记录金额的一致性;记录销售与处理销售交易相分离;定期独立检查应收账款明细账与总账的一致性;定期向客户寄送应收账款对账单。这些控制与"发生""完整性""准确性""计价和分摊"认定有关。

(七)办理和记录现金、银行存款收入

这项功能涉及货款的收回,现金、银行存款增加的记录以及应收账款减少等活动。处理这项业务最重要的是要保证全部货款如数、及时地记入现金日记账、银行存款日记账以及应收账款明细账,并如数、及时地将现金存入银行。

(八)办理和记录销售退回、销售折扣与折让

发生此类事项时,必须经授权批准,并应确保与办理此事有关的部门和职员各司其职,分别控制实物流和会计处理。在这方面,贷项通知单将起到关键作用。

(九)注销坏账

对于确实无法收回的应收账款,应该获取货款无法收回的确凿证据,并经适当审批后方可作为坏账,进行相应的账务处理。

（十）计提坏账准备

坏账准备提取的数额必须能够抵补企业以后无法收回的销货款。

二、主要凭证和会计记录

根据销售与收款循环中的主要业务活动，涉及的主要凭证和会计记录主要有客户订购单、销售单、发运凭证、销售发票、商品价目表、客户对账单、主营业务收入明细账、转账凭证、贷项通知单、折扣与折让明细账、应收账款账龄分析表、应收账款明细账、汇款通知书、现金日记账和银行存款日记账、客户对账单、收款凭证、坏账核销审批表、转账凭证等，如表5-1所示。

表5-1 销售与收款循环涉及的主要凭证和会计记录

交易类别	设计的财务报表项目	主要业务活动	主要凭证和会计记录
销售	营业收入 应收账款	接受客户订购单 批准赊销信用 根据销售单编制发运凭证并发货 按销售单装运货物 向客户开具发票 记录销售 办理和记录销售退回、销售折扣与折让	客户订购单 销售单 发运凭证 销售发票 商品价目表 客户对账单 主营业务收入明细账 转账凭证 贷项通知单 折扣与折让明细账
收款	货币资金 应收账款 资产减值损失	办理和记录现金、银行存款收入 提取坏账准备 坏账核销	应收账款账龄分析表 应收账款明细账 汇款通知书 现金日记账和银行存款日记账 客户对账单 收款凭证 坏账核销审批表 转账凭证

1. 客户订货单。客户订货单是客户要求订购商品的书面凭证,可以直接从客户那里或者通过销售人员及其他途径取得。

2. 销售单。销售单是列示客户所订商品的名称、规格、数量以及其他与客户订货单有关的资料的表格,作为销售方内部处理客户订货单的依据。

3. 发运凭证。发运凭证即发运货物时编制的,用以反映发出商品的规格、数量和其他有关内容的凭据。这种凭证可用作向客户开具账单的依据。

4. 销售发票。销售发票是一种用来表明已销售商品的规格、数量、销售金额、运费和保险费、开票日期、付款条件等内容的凭证。销售发票的一联开给客户,其余联由企业保留,并作为在会计账簿中登记销售交易的基本凭证。

5. 商品价目表。商品价目表是列示已经授权批准的、可供销售的各种商品的价格清单。

6. 客户对账单。客户对账单是定期寄给客户的用于购销双方核对账目的文件,可以是月度、季度或年度。

7. 主营业务收入明细账。主营业务收入明细账是一种用来记录销售交易的明细账,通常记载和反映不同类别商品或服务的营业收入的明细发生情况和总额。

8. 转账凭证。转账凭证是根据有关转账业务原始凭证编制的记录赊销交易的会计凭证。

9. 贷项通知单。贷项通知单是一种用来表示由于销售退回或经批准的折让而引起的应收销货款减少的凭证。其格式通常与销售发票相同,只不过是用来证明应收账款的减少。

10. 折扣与折让明细账。折扣与折让明细账是一种用来核算企业销售商品时给予客户的销售折扣和销售折让情况的明细账。企业可以不设置折扣与折让明细账,而将该类业务直接记入主营业务收入明细账。

11. 应收账款账龄分析表。应收账款账龄分析表是以账龄为序对应收账款分类列示的表格，其可以较全面地显示应收账款账龄的分布情况。该表用以判断企业应收账款的总体质量以及不同客户的信用状况，为企业制定赊销政策提供依据。通常在某一年内，该表会随着付款模式的变化而变化。

12. 应收账款明细账。应收账款明细账是用来记录每个客户各项赊销、还款、销售退回及折让交易的明细账。

13. 汇款通知书。汇款通知书是一种与销售发票一起寄给客户，由客户在付款时再寄回销售单位的凭证，其上注明了客户名称、销售发票号码、销售单位开户银行账号及金额等。采用汇款通知书能使现金立即存入银行，也可以改善对资产保管的控制。

14. 现金日记账和银行存款日记账。现金日记账和银行存款日记账是用来记录应收账款的收回和现销收入以及其他各种现金、银行存款收入和支出的日记账。

15. 收款凭证。收款凭证是指用来记录现金和银行存款收入业务的记账凭证。

16. 坏账核销审批表。坏账核销审批表是用来批准将无法收回的应收款项作为坏账予以核销的单据。

第二节 销售与收款循环的风险评估及控制测试

一、销售与收款循环存在的重大错报风险

与销售与收款循环相关的财务报表项目主要为营业收入、应收账款和合同资产，此外还有应收票据、应收款项融资、合同负债、长期应收款、应交税费等。以一般制造业的赊销销售为例，相关重大错报风险通常包

括：①收入确认存在的舞弊风险；②收入的复杂性可能导致的错误，如可变对价安排、特殊的退货约定、特殊的服务期限安排等；③发生的收入交易未能得到准确记录；④期末收入交易和收款交易可能未记入正确的期间；⑤应收账款坏账准备的计提不完整或不准确。

二、销售与收款循环的控制测试

销售与收款循环中可能存在的风险及内部控制测试举例，如表5-2所示。

表5-2 销售与收款循环中可能存在的风险及内部控制测试

风险	主要相关认定	自动化控制	人工控制	内部控制测试程序
可能向没有获得赊销授权或者超出信用额度的客户赊销	营业收入：发生 应收账款：存在	订购单上的客户代码与应收账款主文档记录的代码一致；目前未偿付余额加上本次销售额在信用限额范围内	以下情形需要经过适当授权批准，才可生成销售单：不在主文档中的客户；超过信用额度的客户订购单	询问员工销售单的生成过程；检查是否所有生成的销售单均有对应的客户订购单为依据；检查系统生成销售单的逻辑；对于系统外授权审批的销售单，是否经过适当批准
已销售商品可能未实际发运给客户	营业收入：发生 应收账款：存在		要求客户在发运凭证上签字，以作为收到商品且商品与订购单一致的证据	检查发运凭证上客户的签名，作为收货的证据

续表

风险	主要相关认定	自动化控制	人工控制	内部控制测试程序
商品发运可能未开具销售发票，或已开出发票但没有发运凭证的支持	营业收入：发生、完整性 应收账款：存在、完整性、权利和义务	发货后系统根据发运凭证等信息自动生成连续编号的销售发票；系统自动复核连续编号的发票和发运凭证的对应关系，并定期生成例外报告	复核例外报告并调查原因	检查系统生成发票的逻辑；检查例外报告及跟进情况
销售价格不正确或发票金额出现计算错误	营业收入：准确性 应收账款：准确性、计价和分摊	限制控制定价主文档的更改；每张发票的单价、计算、商品代码、商品摘要和客户账户代码均由计算机程序控制	核对经授权的有效的价格更改清单与计算机获得的价格更改清单是否一致；独立复核发票上计算金额的准确性	检查文件以确定价格更改是否经授权；检查发票中价格复核人员的签名；重新执行发票的核对过程
坏账准备的计提可能不充分	应收账款：准确性、计价和分摊	系统自动生成应收账款账龄分析表(假定企业以账龄组合为基础计算预期信用损失)	管理层复核财务人员依据预期信用损失模型计算和编制的坏账准备计提表，复核无误后需在坏账准备计提表上签字(假定企业以账龄组合为基础计算预期信用损失)	检查财务系统计算账龄分析表的规则是否正确；询问管理层如何复核坏账准备计提表的计算；检查是否有复核人员的签字

— 113 —

第三节 销售与收款循环的实质性程序

一、主营业务收入的实质性程序

（一）主营业务收入的审计目标

主营业务收入项目反映企业在销售商品、提供劳务等主营业务活动中所实现的收入，以及除主营业务活动以外的其他经营活动实现的其他业务收入。

主营业收入的审计目标一般包括：确定利润表中列示的主营业务收入是否已发生，且与被审计单位有关；确定列示的主营业务收入是否完整；确定与主营业务收入有关的金额及其他数据是否已恰当记录，包括对销售退回、销售折扣与折让的处理是否适当；确定主营业务收入是否已记录于正确的会计期间；确定主营业务收入在财务报表中的列报是否恰当。

（二）主营业务收入的实质性程序

主营业务收入的实质性程序具体如下。

第一，取得或编制主营业务收入明细表，复核加计正确，并与总账数和明细账合计数核对相符；同时结合其他业务收入账户数额，与报表数核对相符。

第二，查明主营业务收入的确认条件、方法，注意是否符合企业会计准则规定的收入实现条件，前后期是否一致。特别关注周期性、偶然性的收入是否符合既定的收入确认原则和方法。

第三，必要时，实施以下实质性分析程序：①将本年度主营业务收入与上年度进行比较，分析产品销售结构和价格的变动是否正常，并分析异常变动的原因；②比较本年度各月份各类主营业务收入的波动情况，分析其变动趋势是否正常,是否符合被审计单位季节性、周期性的经营规律,并查明出现异常现象和重大波动的原因;③计算本年度重要产品的毛利率,与上年度比较,检查是否存在异常和重大波动,并查明原因;④将本年度重要产品的毛利率与同行业企业进行对比分析,检查是否存在异常;⑤根据增值税发票申报表或普通发票,估算全年收入,与实际入账收入金额比较。

第四,获取产品价格目录,抽查售价是否符合定价政策,并注意销售给关联方或关系密切的重要客户的产品价格是否合理,有无低价或高价结算以转移收入和利润的现象。

第五,抽取本期一定数量的销售发票,检查开票、记账、发货日期是否相符,品名、数量、单价、金额等是否与发运凭证、销售合同或协议、记账凭证等一致。

第六,抽取本期一定数量的记账凭证,检查入账日期、品名、数量、单价、金额等是否与销售发票、发运凭证、销售合同或协议等一致。

第七,实施销售的截止测试。对主营业务收入实施销售截止测试,其目的是确定被审计单位主营业务收入的会计记录归属期是否正确,是否有将主营业务收入提前至本期或推迟至下期记账的情况。注册会计师在审计中,应该关注三个与主营业务收入确认有着密切关系的日期:①开具发票日期或者收款日期;②记账日期;③发货日期。主营业务收入截止测试的关键就是检查三者是否归属于同一会计期间。

针对上述三个重要日期,注册会计师可以考虑选择以下三种审查路线实施主营业务收入的截止测试:①以账簿记录为起点,从资产负债表日前后若干天的账簿记录追查至记账凭证,检查发票副联与发运凭证,以证实已入账收入是否在同一期间已开具发票并发货。但此法只能发现多记的收入,而不能发现漏记的收入;②以销售发票为起点,从资产负债表日前后若干天的发票副联中抽取若干张样本,追查至发运凭证和账簿记录,以证实已开具发票的货物是否已发货并于同一会计期间确认收入。但此法只能发现漏记的收入,而不能发现多记的收入;③以发运凭证为起点,从资产负债表日前后若干天的发运凭证追查至发票开具情况和账簿记录，确定主营业务收入是否已计入恰当的会计期间。这种方法也只能发现漏记的收入。

第八，结合对应收账款实施的函证程序，选择主要客户函证本期销售额。

第九，检查销售折扣、销售退回与折让业务是否真实、合法，相关手续是否符合规定，是否经授权批准，相关的会计处理是否正确。

第十，检查外币收入折算汇率是否正确，折算方法是否前后各期一致。

第十一，检查有无特殊的销售行为，如附有销售退回条件的商品销售、委托代销、售后回购、以旧换新、商品需要安装和检验的销售、分期收款销售、出口销售、售后租回等，注册会计师应确定恰当的审计程序进行审核。

第十二，调查集团内部销售的情况，记录其交易价格、数量和金额，并追查在编制合并财务报表时是否已予以抵销。

第十三，调查向关联方销售的情况，记录其交易品种、数量、价格、金额以及占主营业务收入总额的比例。

第十四，确定主营业务收入的列报是否恰当。

二、应收账款和坏账准备的实质性程序

（一）审计目标

1. 应收账款审计目标。应收账款是指企业因销售商品、提供劳务而应向购货单位或接受劳务单位收取的款项或代垫的运杂费，是企业在信用活动中所形成的各种债权性资产。企业的应收账款是在销售交易或提供劳务过程中产生的，因此，应收账款的审计应结合销售交易来进行。

应收账款的审计目标一般包括：确定资产负债表中记录的应收账款是否存在；确定应收账款的记录是否完整；确定记录的应收账款是否归被审计单位所有；确定应收账款是否可收回；确定坏账准备的计提方法和比例是否恰当，计提是否充分；确定应收账款及其坏账准备期末余额是否正

确；确定应收账款及其坏账准备在财务报表中的列报是否恰当。

2. 坏账准备审计目标。坏账是指企业无法收回或收回的可能性极低的应收款项。由于发生坏账而产生的损失称为坏账损失。

企业对单项金额不重大的应收账款，通常应按账龄分析法将应收账款分为多种组别，采用备抵法按期估计坏账损失，形成坏账准备。与直接转销法相比，备抵法将预计不能收回的应收账款作为坏账损失及时计入费用，能够避免企业虚增利润。在财务报表中列示应收款项的净额，有助于财务报表使用者了解企业真实的财务状况。并且使应收款项实际占用资金更接近现实，消除了虚列的应收款项，有利于加快企业资金周转，提高企业经济效益。

坏账准备的审计目标包括：计提方法和比例是否恰当；坏账准备的计提是否充分；期末余额是否正确；是否已按照企业会计准则的规定在财务报表中作出恰当列报。

（二）实质性程序

1. 应收账款实质性程序。

第一，获取或编制应收账款明细表，复核加计是否正确，并与总账数和明细账合计数核对是否相符。

第二，分析应收账款账龄。复核应收账款借方累计发生额与主营业务收入是否匹配，并将当期应收账款借方发生额占销售收入净额的百分比与管理层考核指标进行比较。计算应收账款周转率、应收账款周转天数等指标，并与被审计单位以前年度指标、同行业同期相关指标进行对比分析，检查是否存在重大异常。

第三，向债务人函证。除非有充分证据表明应收账款对财务报表不重要或函证很可能无效，都应对应收账款进行函证。如果不对应收账款进行函证，应在工作底稿中说明理由。如果认为函证很可能无效，应当实施替代审计程序获取充分、适当的审计证据。

第四，检查未函证应收账款。抽查有关原始凭证，如销售合同、销售订购单、销售发票副本、发运凭证及回款单据等，验证与其相关的应收账款的真实性。

第五，抽查有无不属于结算业务的债权。抽查应收账款明细账，并追查至有关原始凭证，查证被审计单位有无不属于结算业务的债权。

第六，检查应收账款中是否存在债务人破产或者死亡，以及其破产财产清偿后仍无法收回，或者债务人长期未履行偿债义务的情况。

第七，检查银行存款和银行贷款等询证函的回函、会议纪要、借款协议和其他文件，确定应收账款是否已被质押或出售。

第八，对应收关联方（包括持股5%以上）的款项，执行关联方及其交易审计程序，并注明合并报表时应予抵销的金额；对关联企业、有密切关系的主要客户的交易事项作专门核查。

第九，检查应收账款在资产负债表中是否已恰当列报。

2. 坏账准备实质性程序。坏账准备实质性程序包括获取或编制坏账准备明细表，复核加计是否正确，并与总账数和明细账合计数核对是否相符等。

坏账准备实质性程序具体如下：①应收账款计提坏账准备的类别。注册会计师应查明被审计单位对单项金额重大的应收账款，是否单独测试以计提坏账准备。对于单项金额不重大的应收账款是否确定为不同的应收账款组合，以计提坏账准备；②坏账准备的计提。注册会计师主要应查明坏账准备的计提方法和比例是否符合企业会计准则规定，计提的数额是否恰当，会计处理是否正确，前后是否一致；③审查坏账损失。对于被审计期间发生的坏账损失，注册会计师应审查其原因是否清楚，是否符合有关规定，有无授权批准，有无已作坏账损失处理后又重新收回的应收款项，相应的会计处理是否正确；④审查长期挂账应收账款。注册会计师应审查应收账款明细账及相关原始凭证，查找有无财务报表日后仍未收回的长期挂账应收账款；⑤检查函证结果。对债务人回函中反映的事项及存在争执的余额，注册会计师应查明原因并进行记录；⑥执行分析程序。通过计算坏账准备余额占应收款项余额的比例，并和以前的相关比例核对，检查分析其重大差异,以发现有重要问题的审计领域;⑦确定坏账准备的列报是否恰当。企业应当在财务报表附注中说明坏账的确定标准、坏账准备的计提方法和计提比例,并应区分应收账款和其他应收款项目,按账龄披露坏账准备的期末余额。

(三)应收账款函证

应收账款函证,是指直接发函给被审计单位的债务人,要求核实被审计单位应收账款的记录是否正确的一种审计方法。

函证的目的是证实应收账款账户余额的真实性、正确性,防止或发现被审计单位及有关人员在销售业务中发生的差错或弄虚作假、营私舞弊等行为。询证函应由注册会计师利用被审计单位提供的应收账款明细账名称及地址编制,亲自寄发。应收账款函证的具体要求如表5-3所示。

表5-3 应收账款函证的具体要求

项目	具体要求
函证决策	(1)注册会计师应当对应收账款实施函证程序,除非有充分证据表明应收账款对财务报表不重要,或函证很可能无效 (2)如果认为函证很可能无效,注册会计师应当实施替代审计程序,获取相关、可靠的审计证据 (3)如果不对应收账款函证,注册会计师应在审计工作底稿中说明
函证目的	函证应收账款的目的在于证实应收账款账户余额是否真实、准确
函证的范围和对象	(1)应收账款在全部资产中的重要程度。如果应收账款在全部资产中所占的比重较大,则函证的范围应更大 (2)被审计单位内部控制的有效性。如果内部控制系统较健全,则可以减少函证数量;反之应扩大函证范围 (3)以前期间的函证结果。若以前期间函证中发现过重大差异,或欠款纠纷较多,则函证范围应相应扩大
函证的方式	(1)积极函证方式 (2)消极函证方式

续表

项目	具体要求	
函证时间的选择	(1)通常以资产负债表日为截止日,在资产负债表日后适当时间内实施函证 (2)如果重大错报风险评估为低水平,注册会计师可选择资产负债表日前适当日期为截止日实施函证,并对所函证项目自该截止日起至资产负债表日止发生的变动实施其他实质性程序	
函证的过程	(1)函证发出前的控制	①考虑被询证者的回函人员是否适当 ②函证中填列的需要被询证者确认的会计信息是否与被审计单位明细账中的记录一致 ③对于同一个被询证方,询证函中是否包含了与该被询证者相关的所有需要确认的信息 ④被询证者的名称、地址是否已与被审计单位有关记录核对,确保询证函中的名称、地址等内容是真实、准确的
	(2)对以不同方式发出询证函的控制	①邮寄方式发出询证函的控制措施 ②跟函方式发出询证函的控制措施
	(3)对不实施函证的控制	审计业务经验表明回函率很低

1. 积极函证。积极函证是向债务人发出询证函,要求其证实所函证的欠款是否正确,无论对错都要求复函,参考格式见图5-1。

第五章 销售与收款循环审计

企业询证函

××公司：

本公司聘请的××会计师事务所正在对本公司的财务报表进行审计，按照中国注册会计师审计准则的要求，应当询证本公司与贵公司的往来账项等事项。下列数据出自本公司账簿记录，如与贵公司记录相符，请在本函下端"信息无误"处签章证明；如有不符，请在"信息不符，请列明不符项目及具体内容"处列明不符金额。回函请直接寄至××会计师事务所。

通信地址：

邮编：　　　　　　　　电话：　　　　　　　　　传真

1. 本公司与贵公司的往来账下如下：

截止日期　　　　　贵公司欠　　　　　欠贵公司　　　　　备注

2. 其他事项

本函仅为复核账目之用，并非催款结算。若款项在上述日期之后已经付清，仍请及时函复为盼。

　　　　　　　　　　　　　　　　　　　　　　　　本审计单位签章
　　　　　　　　　　　　　　　　　　　　　　　　　　年　月　日

结论

（1）信息无误。　　　　　　　　　　（2）信息不符，请列明不符项目及具体内容。

（公司签章）　　　　　　　　　　　　（公司签章）

年　月　日　　　　　　　　　　　　　年　月　日

经办人　　　　　　　　　　　　　　　经办人

图5-1　企业询证函

2. 消极函证。消极函证是向债务人发出询证函，所函证的款项相符时不必复函，只有在所函证的款项不符时才要求债务人向注册会计师复函。

注册会计师具体采用哪一种函证方式，可以根据下述情形做出选择：债务人欠款金额较大，有理由相信欠款可能存在争议、差错等问题时采用积极函证。当债务人符合以下所有条件时，可以采用消极函证：①相关的内部控制是有效的，风险评估为低水平；②预计差错率较低；③欠款金额小的债务人数量很多；④注册会计师有理由确信大多数被函证者能认真对待询证函，并对不正确的情况予以反馈。

有时候两种函证方式结合起来使用可能更适宜。若采用积极函证，则可以相应减少函证量；若采用消极函证，则要相应增加函证量。

注册会计师应直接控制函证的发送和回收。采用积极函证方式未回函的，可再次发询，由注册会计师发出第二封甚至第三封询证函。如果仍然得不到答复，注册会计师应考虑采用必要的替代程序。例如，检查与销售有关的文件，包括销售合同、销售订购单、销售发票副本及发运凭证等，以验证应收账款的真实性。

收回的询证函中如有差异，注册会计师应查明原因、作出记录或适当调整。产生差异的原因主要表现在以下两个方面：①购销双方入账的时间存在差异。具体包括债务人已经付款，而被审计单位尚未收到款项；被审计单位已经发出货物，并登记了应收账款，债务人尚未收到货物，因此也未确认应付款项；债务人由于种种原因已将货物退回，并冲减了应付款项，而被审计单位尚未收到货物，也未对应收账款作出调整；债务人对收到的货物数量、规格等不满意而全部或部分拒付；②销售方或双方存在记账差错或舞弊行为。

在无法采用函证程序获得应收账款状况的信息时，可采用以下三种替代测试程序：①检查期后收款。检查资产负债表日后收回的货款，注册会计师不能仅查看应收账款的贷方发生额，而是要查看相关的收款单据，以证实付款方确为该客户，且确与资产负债表日的应收账款相关；②检查原始凭证。检查相关的销售合同、销售单、发运凭证等文件。注册会计师需要根据被审计单位的收入确认条件和时间，确定能够证明收入发生的凭证；③检查往来邮件。检查被审计单位与客户之间的往来邮件，如有关发货、对账、催款等事宜的邮件。

第六章 投资与筹资循环审计

第一节 投资与筹资循环概述

投资与筹资循环由投资活动和筹资活动的交易事项所构成。投资活动是指企业为享有被投资单位分配的利润，或为谋求其他利益，将资产让渡给其他单位而获得另一项资产的活动。筹资活动是指企业为满足生存和发展的需要，通过改变企业资本及债务规模和构成而筹集资金的活动。

一、投资与筹资循环的性质

投资活动主要由权益性投资交易和债权性投资交易组成，筹资活动主要由借款交易和股东权益交易组成。注册会计师应当考虑投资与筹资循环的如下性质。

第一，对一般工商企业而言，与其他循环相比，企业每年投资与筹资循环涉及的交易数量少，而每笔交易的金额通常较大。这就决定了对该循环涉及的财务报表项目审计，更可能采用实质性方案。

第二，筹资活动在遵守国家法律法规和相关契约的规定下进行。注册会计师了解被审计单位的筹资活动，可能对评估财务报表舞弊的风险、从性质角度考虑审计重要性、评估持续经营假设的适用性等有重要影响。

漏记或不恰当地对一笔业务进行会计处理，将会导致重大错误，从而对财务报表的公允反映产生较大影响。

二、投资与筹资循环涉及的主要业务活动

（一）投资涉及的主要业务活动

1．审批授权。投资业务一般应由企业董事会进行审批。重大的投资业务须经股东大会批准。

2．取得证券或其他投资。企业可以通过购买股票或债券进行投资，也可以通过与其他单位联合形成投资。

3．取得投资收益。企业可以取得股权投资的股利收入、债券投资的利息收入和其他投资收益。

4．转让证券或收回其他投资。企业可以通过转让证券实现投资的收回，其投资一经投出，除联营合同期满或由于其他特殊原因联营企业解散外，一般不得抽回投资。

（二）筹资涉及的主要业务活动

1．审批授权。企业通过借款筹集资金必须经管理层的审批，其中债券的发行每次都要由董事会授权。企业发行股票必须依据国家有关法规或企业章程的规定，报经企业最高权力机构（如董事会）及国家有关管理部门批准。

2．签订合同或协议。向银行或其他金融机构借款必须签订借款合同。发行债券必须签订债券契约和债券承销或包销协议。

3．取得资金。企业向银行或其他金融机构借入的款项，或通过发行债券、发行股票所得款项应及时如数存入其开户银行。

4．计算利息或股利。企业应按照有关合同或协议的规定，及时计算利息或股利。

5．偿还本息或发放股利。银行借款或发行债券，应按有关合同或协议的规定支付利息、偿还本金，融入的股本根据股东大会的决定发放股利。

三、投资与筹资循环涉及的主要凭证和会计记录

（一）投资活动的主要凭证和会计记录

1．债券投资凭证。债券投资凭证是载明债券持有人与发行企业双方所拥有的权利与义务的法律性文件。

2．股票投资凭证。股票投资凭证是记载股票投资购买业务或卖出业务的凭证。

3．股票证书。股票证书是载明股东所有权的证据，记录所有者持有被投资公司的股票数量。

4．股利收取凭证。股利收取凭证是向所有股东分发股利的文件。

5．长期股权投资协议。

6．投资总分类账和明细分类账。

（二）筹资活动的主要凭证和会计记录

1．股本凭证。股本凭证是公司签发的证明股东所持有股份的凭证。

2．股东名册。股东名册是记载每一位股东姓名，反映股东所拥有的全部股份及其变动情况的书面凭证。

3．公司债券。公司债券是公司依据法定程序发行、约定在一定期限内还本付息的有价证券。

4．债券契约。债券契约是载明债券持有人与发行企业双方所拥有的权利与义务的法律性文件。

5．公司债券存根簿。公司债券存根簿详细记载已发行债券的持有者、债券交易及其变动情况。

6．承销或包销协议。公司向社会公开发行股票或债券时，应当由依法设立的证券经营机构承销或包销，公司应与其签订承销或包销协议。

7．借款合同或协议。借款合同或协议是公司向银行和其他金融机构借入款项时与其签订的合同或协议。

8．有关筹资业务的总分类账和明细分类账。

第二节 投资与筹资循环的控制测试

一、投资与筹资循环内部控制的主要内容

（一）投资活动的内部控制

针对投资活动中的各项主要业务活动，可能存在相应的内部控制活动，具体如表6-1所示。

表6-1 投资活动内部控制

主要业务活动	内部控制
审批授权	为确保投资业务的合法性，各项投资活动必须经过授权审批，并且在业务的授权、执行和会计记录以及投资资产的保管等方面应建立严格的职责分工。例如，投资证券业务必须经企业最高权力机构核准及高层负责人员授权签批，由财务经理或者不参与会计记录的指定人员办理证券的买卖业务，会计部门则负责投资业务的账务处理，并由专人保管证券。这种明确的分工与相互牵制，有利于减少投资业务中发生错误或舞弊的可能性
有价证券的收取和保存	企业应当健全投资资产的保管制度。企业对投资资产(指证券资产)一般有两种保管方式：一种是委托独立的专门机构，如银行、证券公司、信托投资公司等进行保管；另一种是由企业自行保管，在这种方式下，必须建立严格的联合控制制度，即至少要由两名人员共同控制，不得单独一人接触任何证券。此外，应设立证券登记簿，详细记录各种存入或取出的证券与文件的名称、数量、价值及存取的日期，并由所有在场的经手人员签名

续表

主要业务活动	内部控制
取得投资收益、转让证券或收回其他投资	企业对各项投资业务的增减变动及投资收益都要进行完整的记录与账务处理。对每一种股票或债券要分别设立明细分类账,并详细记录其名称、面值、证券编号数量、取得日期、经纪人名称、购入成本、收取的股利收入或(和)利息收入等资料;对联营投资类的其他投资,也应设置明细分类账,核算其他投资的投出、投资收益和投资收回等业务,并对投资的形式、接受投资单位、投资的计价以及投资收益等进行详细的记录

(二)筹资活动的内部控制

针对筹资活动中的各项主要业务活动,可能存在相应的内部控制活动,具体如表6-2所示。

表6-2 筹资活动内部控制

主要业务活动	内部控制
审批授权	企业通过借款筹集资金必须经管理当局的授权与批准,其中债券的发行每次均要由董事会授权。申请发行债券时,应履行审批手续,向有关机关递交相关文件。凡涉及投入资本的增减业务,都必须依据国家有关法规或企业章程的规定,报经企业最高权力机构和国家有关管理部门批准
签订合同或协议	企业向银行或其他金融机构借款必须签订借款合同或协议。企业发行债券必须签订债券契约。企业向社会公开发行股票或债券时,应当聘请独立的证券经营机构承销或包销,且必须与其签订承销或包销协议。上述合同或协议应由专人负责保管
取得资金	企业向银行或其他金融机构借入的款项,企业通过发行债券、发行股票所得款项应及时如数存入其开户银行。为保证投入资本的真实性,投入资本必须经注册会计师验资并出具验资报告
计算利息或股利	企业应按有关合同、协议或债券契约的规定及时计算借款或债券利息,根据公司章程和董事会决定计算应付股东的股利

续表

主要业务活动	内部控制
偿还本息或发放股利	对于银行借款或债券,应按有关合同、协议或债券契约的规定支付利息,到期偿还本金。债券利息通常委托外部独立机构代理发放,以便加强控制,对债券的偿还和购回业务也要有董事会的正式授权批准。股利发放业务可由企业自己办理,也可委托证券交易所和金融机构代理发放

二、评估投资与筹资循环重大错报风险

（一）投资活动存在的重大错报风险

注册会计师应当考虑重大错报风险对投资活动的影响,并对被审计单位可能发生的特定风险保持警惕。投资活动存在的重大错报风险主要有以下七个方面。

第一,管理层错误表述投资业务或衍生金融工具业务的动机,包括为了满足预算、提高绩效奖金、提高财务报表上的报告收益、确保从银行获得额外资金、吸引潜在投资购买者或影响股价以误导投资者。

第二,所取得资产的性质和复杂程度可能导致确认和计量的错误。尽管多数被审计单位可能只拥有少量的投资,并且买入和卖出的业务不频繁,但交易的复杂性可能导致在进行会计处理时出现错误。如果会计人员没有意识到不同类型投资计量或计价的复杂性,管理层通常不能轻易发现这些错误。

第三,所持有投资的公允价值可能难以计量。

第四,管理层凌驾于控制之上,可能导致投资交易未经授权。

第五,如果对有价证券的控制不充分,权益性有价证券的舞弊和盗窃风险可能很高,从而影响投资的存在性。

第六,关于资产的所有权以及相关权利与义务的审计证据可能难以获得。获取的权益可能很复杂。例如,在企业集团中包含跨国公司的情形以及公司处理大量衍生金融工具交易的情形。

第七，如果负责记录投资处置业务的人员没有意识到某项投资已经卖出，则对投资的处置业务可能未经记录。这种处置业务只能通过在期末进行实物检查来发现。

(二) 筹资活动存在的重大错报风险

注册会计师应当在了解被审计单位的基础上考虑影响筹资交易的重大错报风险，并对被审计单位业务中可能出现的特别风险保持警惕。考虑到严格的监管环境和董事会针对筹资活动设计的严格控制，除非注册会计师对管理层的诚信产生疑虑，否则重大错报风险一般应当评估为低水平。

然而，有一点可能引起注册会计师的疑问，就是企业会计准则以及监管法规对借款和权益的披露要求，可能引起完整性、准确性、计价和分摊、列报认定的潜在重大错报风险。尽管账户余额发生错报的可能性不大，仍然可能存在权利和义务被忽略或发生错报的可能。例如，一个集团公司用资产为另一个集团公司做抵押或担保的情况。

如果被审计单位是国际资本市场上的大型公众公司，其股票在国内和国外同时上市，其他国家法律法规的复杂性可能影响注册会计师对重大错报风险的评估。在这种情况下，企业可能从国外获得借款，从而应当在利润表中确认汇兑损益。这种情况下的筹资交易和余额重大错报风险可能评估为中到高水平，存在完整性和计价认定风险以及未记录负债和（或）有负债的风险。

在实施实质性程序之前，注册会计师应当评估权益、借款、利息、股利交易和余额在报表层次和认定层次上的重大错报风险。注册会计师应当通过询问、检查文件记录、观察控制程序等方法获得确切的信息以支持对重大错报风险的评估，识别特定账户余额的影响，并设计适当的审计程序以发现和纠正剩余重大错报风险。

三、投资与筹资循环关键控制环节的主要测试内容

（一）投资活动关键控制环节的主要测试内容

投资活动的控制测试主要包括如下内容。

1. 检查控制执行留下的轨迹。注册会计师应抽取投资业务的会计记录和原始凭证，确定各项控制程序的运行情况。

2. 审阅内部盘点报告。注册会计师应审阅内部审计人员或其他授权人员对投资资产进行定期盘点的报告。应审阅其盘点方法是否恰当、盘点结果与会计记录相核对情况以及出现差异的处理是否合规。如果各期盘核报告的结果未发现账实之间存在差异（或差异不大），说明投资资产的内部控制得到了有效执行。

3. 分析企业投资业务管理报告。对于企业的长期投资，注册会计师应对照有关投资方面的文件和凭据，分析企业的投资业务管理报告。在作出长期投资决策之前，企业最高权力机构（如董事会）需要对投资进行可行性研究和论证，并形成一定的纪要。投资业务一经执行，就会形成一系列的投资凭据或文件，如证券投资的各类证券，联营投资中的投资协议、合同及章程等。负责投资业务的财务经理须定期向企业最高权力机构报告有关投资业务的开展情况（包括投资业务内容和投资收益实现情况及未来发展预测），即提交投资业务管理报告书，供最高权力机构投资决策和控制。注册会计师应认真分析这些投资管理报告的具体内容，并对照有关文件和凭据资料，判断企业长期投资业务的管理情况。

（二）筹资活动关键控制环节的主要测试内容

注册会计师一般将股东权益、长期借款账户和余额的重大错报风险评估为低水平，除非筹资活动形成一种重要的交易类型。如果注册会计师拟信赖内部控制，则应实施控制测试。因此，检查风险的可接受水平较高，注册会计师应主要采用实质性分析程序和有限的细节测试。如果出现不经常出现的特别风险，则应当将业务环境考虑在内。

注册会计师尝试对有限数量的筹资交易实施控制测试程序是明显无效率的，对投资和筹资环境也通常如此。如果注册会计师主要实施了实质性程序，则需要对控制活动进行记录，以识别可能产生的重大错报风险，确保实施的实质性程序能够恰当应对所识别的重大错报风险。

第三节　投资与筹资循环的实质性程序

一、长期股权投资审计

（一）长期股权投资的审计目标

长期股权投资的审计目标一般包括：确定资产负债表中列示的长期股权投资是否存在；确定列示的长期股权投资是否完整；确定列示的长期股权投资是否由被审计单位拥有；确定长期股权投资是否以恰当的金额包括在财务报表中，与之相关的计价调整是否已恰当记录；确定长期股权投资在财务报表中的列报是否恰当。

（二）长期股权投资的实质性程序

长期股权投资的实质性程序具体如下。

第一，获取或编制长期股权投资明细表，复核加计正确，并与总账数和明细账合计数核对相符；结合长期股权投资减值准备账户，与报表数核对相符。

第二，根据有关合同和文件，确认股权投资的股权比例和持有时间，检查股权投资核算方法是否正确。

第三，对于重大的投资，向被投资单位函证被审计单位的投资额、持股比例及被投资单位发放股利等情况。

第四，对于采用权益法核算的长期股权投资，获取被投资单位已经注册会计师审计的年度财务报表。如果未经注册会计师审计，则应考虑对被投资单位的财务报表实施适当的审计或审阅。复核投资收益或投资损失，确定会计处理是否正确。

第五，对于采用成本法核算的长期股权投资，检查股利分配的原始凭证及分配决议等资产，确定会计处理是否正确；对被审计单位实施控制而采用成本法核算的长期股权投资，比照权益法编制变动明细表，以备合并报表时使用。

第六，对于成本法和权益法相互转换的，检查其投资成本的确定是否正确。

第七，确定长期股权投资的增减变动的记录是否完整；检查本期增加、减少的长期股权投资，追查至相关的文件或决议及被投资单位验资报告或财务资料等，确认长期股权投资是否符合投资合同、协议的规定并已确实投资，长期股权投资的收回有合理的理由及授权批准手续并已确实收回投资，会计处理是否正确。

第八，对期末长期股权投资进行逐项检查，以确定长期股权投资是否已经发生减值。

第九，结合银行借款等的检查，了解长期股权投资是否存在质押、担保情况。若有，则应详细记录，并提请被审计单位进行充分披露。

第十，确定长期股权投资在资产负债表上已恰当列报。与被审计单位人员讨论确定是否存在被投资单位由于所在国家和地区及其他方面的影响，其向被审计单位转移资金的能力受到限制的情况。

二、投资收益审计

（一）投资收益的审计目标

投资收益的审计目标一般包括：确定利润表中列示的投资收益是否已真实赚取，且与被审计单位有关；确定列示的投资收益是否完整；确定与投资收益有关的金额及其他数据是否已恰当记录；确定投资收益是否已反映于正确的会计期间;确定投资收益是否已记录于恰当的账户;确定投资收益在财务报表中的列报是否恰当。

(二) 投资收益的实质性程序

投资收益的实质性程序具体如下。

第一,获取或编制投资收益分类明细表,复核加计正确,并与总账数和明细账合计数核对相符,与报表数核对相符。

第二,与以前年度投资收益进行比较,结合投资本期的变动情况,分析本期投资收益是否存在异常情况。若有,应查明原因,并进行适当的调整。

第三,与长期股权投资、交易性金融资产、可供出售金融资产、持有至到期投资等相关项目的审计结合,验证确定投资收益的记录是否正确,确定投资收益被计入正确的会计期间。

第四,确定投资收益已恰当列报。检查投资协议等文件,确定境外投资收益汇回是否存在重大限制。如果存在,应充分披露。

三、借款审计

(一) 借款的审计目标

借款的审计目标一般包括:确定资产负债表中列示的借款是否存在;确定应当列示的借款是否完整;确定列示的借款是否为被审计单位应履行的现时义务;确定借款是否以恰当的金额列示在财务报表中,与之相关的计价调整是否已恰当记录;确定借款在财务报表中的列报是否恰当。

(二) 借款的实质性程序

由于短期借款的实质性程序同长期借款的实质性程序较为相似,这里合并介绍。短期借款和长期借款的实质性程序具体如下。

第一,获取或编制短期借款和长期借款明细表,复核其加计数是否正确,并与总账数和明细账合计数核对相符。

第二，了解金融机构对被审计单位的授信情况以及被审计单位的信用等级评估情况，了解被审计单位获得短期借款和长期借款的抵押和担保情况，评估被审计单位的信誉和融资能力。

第三，向银行或其他债权人函证重大的长期借款；对于短期借款，注册会计师应在期末短期借款余额较大或认为必要时，向银行或其他债权人函证短期借款。

第四，对年度内增加的短期借款和长期借款，应检查借款合同和授权批准，了解借款数额、借款条件、借款日期、还款期限、借款利率，并与相关原始凭证和会计记录进行核对。若为抵押借款，应检查抵押资产的所有权是否属于被审计单位，其价值和现实状况是否与抵押契约中的规定一致。

第五，检查长期借款的使用是否符合借款合同的规定，重点检查长期借款使用的合理性。

第六，对年度内减少的短期借款和长期借款，应检查相关会计记录和原始凭证，核实还款数额。

第七，检查年末有无到期未偿还的借款，查明逾期借款是否办理了延期手续，分析计算逾期借款的金额、比率和期限，判断被审计单位的资信程度和偿债能力。

第八，计算短期借款、长期借款在各个月份的平均余额，选取适用的利率匡算利息支出总额，并与财务费用的相关记录核对，判断被审计单位是否高估或低估利息支出，必要时进行适当调整。

第九，检查非记账本位币折合记账本位币时采用的折算汇率，折算差额是否按规定进行会计处理，折算方法是否前后期一致。

第十，检查借款费用的会计处理是否正确。

第十一，检查企业重大的资产租赁合同，判断被审计单位是否存在资产负债表外融资的现象。

第十二，确定短期借款和长期借款在资产负债表上的列报是否恰当。短期借款在资产负债表上单独列示于流动负债类下；长期借款列示于非流动负债类下，该项目应根据"长期借款"账户的期末余额扣除将于1年内到期的长期借款后的数额填列，该项扣除数应当填列在流动负债类下的"1年内到期的非流动负债"项目单独反映。

（三）应付债券的实质性程序

应付债券的实质性程序具体如下。

第一，取得或编制应付债券明细表，并同有关总账数和明细账合计数核对相符。

第二，检查债券交易的有关原始凭证。检查的内容一般包括：①检查被审计单位发行债券的授权批准文件和债券契约副本，确定其发行是否合法，各项内容是否同相关的会计记录一致；②检查发行债券所收入现金的收据、汇款通知单、送款登记簿及相关的银行对账单；③检查用以偿还债券的支票存根，并检查利息费用的计算；④检查已偿还债券数额同应付债券借方发生额是否相符；⑤如果企业发行债券时已作抵押或担保，还应检查相关契约的履行情况。

第三，检查应计利息、债券折（溢）价摊销及其会计处理是否正确。此项工作一般可通过检查应计利息、利息调整等账户分析表来进行。

第四，函证"应付债券"账户期末余额。为了确定应付债券账户期末余额的真实性，注册会计师如果认为必要，可以直接向债权人及债券的承销人或包销人进行函证。

第五，对到期债券的偿还，注册会计师应检查相关会计处理是否正确。对可转换公司债券持有人行使转换权利，将其持有的债券转换为股票，应检查其转股的会计处理是否正确。

第六，检查借款费用的会计处理是否正确。

第七，确定应付债券在资产负债表上的列报是否恰当。应付债券在资产负债表中列示于非流动负债类下，该项目的填列要求与长期借款是一样的。

四、所有者权益审计

(一) 所有者权益的审计目标

所有者权益的审计目标一般包括：确定资产负债表中列示的所有者权益各项目是否存在；确定应当列示的所有者权益是否完整；确定所有者权益各项目是否以恰当的金额列示在财务报表中，与之相关的计价调整是否已恰当记录；确定所有者权益各项目在财务报表中的列报是否恰当。

(二) 实收资本（股本）的实质性程序

实收资本（股本）的实质性程序具体如下。

第一，获取或编制实收资本（股本）增减变动情况明细表，复核加计正确，与报表数、总账数和明细账合计数核对相符。

第二，查阅公司章程、股东大会和董事会会议记录中有关实收资本（股本）的规定，收集与实收资本（股本）变动有关的董事会会议纪要、合同、协议、公司章程及营业执照，公司设立批文、验资报告等法律性文件，并更新永久性档案。

第三，检查实收资本（股本）增减变动的原因，查阅其是否与董事会会议纪要、补充合同、协议及其他有关法律性文件的规定一致，逐笔追查至原始凭证，检查其会计处理是否正确。对首次接受委托的客户，除取得验资报告外，还应检查并复印记账凭证及进账单。

第四，对于以资本公积、盈余公积和未分配利润转增资本的，应取得股东（大）会等资料，并审核是否符合国家有关规定。

第五，以权益结算的股份支付，取得相关资料，检查是否符合相关规定。

第六，根据证券登记公司提供的股东名录，检查被审计单位及其子公司、合营企业与联营企业是否有违反规定的持股情况。

第七，以非记账本位币出资的，检查其折算汇率是否符合规定。

第八，检查认股权证及其有关交易，确定委托人及认股人是否遵守认股合约或认股权证中的有关规定。

第九，确定实收资本（股本）在资产负债表上的列报是否恰当。

（三）资本公积的实质性程序

资本公积是因非经营性因素形成的不能计入股本或实收资本的所有者权益，主要包括投资者实际交付的出资额超过其资本份额的差额（如股本溢价、资本溢价）、接受非现金资产捐赠、接受现金捐赠、股权投资准备、拨款转入、外币资本折算差额、其他资本公积等。

注册会计师对资本公积实施实质性程序，其内容如下。

1. 检查资本公积形成的合法性。注册会计师应首先检查资本公积形成的内容及其依据，并查阅相关的会计记录和原始凭证，确认资本公积形成的合法性和正确性。对资本公积形成的审计包括审查股本溢价或资本溢价、审查接受非现金资产捐赠、审查接受现金捐赠、审查外币资本折算差额、审查同一控制下企业合并形成的资本公积等。

（1）审查股本溢价或资本溢价：对资本溢价应检查是否在企业吸收新投资时形成。资本溢价的确定是否按实际出资额扣除其投资比例所占的资本额计算，其投资是否经企业董事会决定，并已报原审批机关批准。对股本溢价应检查发行是否合法，是否经有关部门批准，股票发行价格与其面值的差额是否全部计入资本公积，发行股票支付的手续费或佣金、股票印制成本等减去发行股票冻结期间所产生的利息收入后的余额是否已从溢价中扣除。

（2）审查接受非现金资产捐赠：对于接受非现金资产捐赠，应审查接受捐赠的资产是否按规定办理了移交手续，是否经过验收，资产定价是否取得有关报价单或同类资产的市场价格确认，接受捐赠的固定资产是否应计提折旧，是否存在对捐赠资产不入账等情况，有关账务处理是否符合国家有关规定。

（3）审查接受现金捐赠：对于接受现金捐赠，注册会计师应注意审查其银行对账单、银行存款日记账和"资本公积——接受现金捐赠"明细账是否核对相符，是否确实收到有关捐赠款项。

（4）审查外币资本折算差额：对外币资本折算差额应审查资本账户折算汇率是否按合同约定确定，并由投资各方认可，且符合国家有关法规、制度的规定，资本账户折算所采用的汇率是不是收到出资日的市场汇率或当月1日的市场汇率。

（5）审查同一控制下企业合并形成的资本公积：注册会计师应结合金融资产审计，对这些形成资本公积的项目核对相符。

1. 审查运用资本公积的合法性。注册会计师应审查是否将资本公积挪作他用：对于资本公积转增股本，注册会计师应审查转增股本是否经股东大会决定并报经工商行政管理机关批准，并依法办理增资手续；获得批准后，运用资本公积的账务处理是否及时正确。

2. 确定资本公积是否在资产负债表和所有者权益变动表中恰当反映。注册会计师应审查资本公积是否在资产负债表中单独列示，同时还应将资本公积明细账合计数与所有者权益变动表中列示的资本公积的期末余额及期初余额对比相符。

（四）盈余公积的实质性程序

盈余公积的实质性程序具体如下。

第一，取得或编制盈余公积明细表，复核加计正确，并与报表数、总账数和明细账合计数核对相符。

第二，收集与盈余公积变动有关的董事会会议纪要、股东（大）会决议以及政府主管部门、财政部门批复等文件资料，进行审阅，并更新永久性档案。

第三，对法定盈余公积和任意盈余公积的发生额逐项审查至原始凭证：①检查法定盈余公积和任意盈余公积的计提顺序、计提基数、计提比例是否符合有关规定，会计处理是否正确；②检查盈余公积的减少是否符合有关规定，取得董事会会议纪要、股东（大）会决议，予以核实，检查有关会计处理是否正确。

第四，如果是外商投资企业，应对储备基金、企业发展基金的发生额逐项审查至原始凭证。

第五，确定盈余公积在资产负债表上的列报是否恰当。

（五）未分配利润的实质性程序

未分配利润的实质性程序具体如下。

第一，获取或编制利润分配明细表，复核加计正确，与报表数、总账数及明细账合计数核对相符。

第二，检查未分配利润年初数与上期审定数是否相符，涉及损益的上期审计调整是否正确入账。

第三，收集和检查与利润分配有关的董事会会议纪要、股东（大）会决议，政府部门批文及有关合同、协议、公司章程等文件资料，更新永久性档案。对照有关规定确认利润分配的合法性。

第四，检查本期未分配利润变动除净利润转入以外的全部相关凭证，结合所获取的文件资料，确定其会计处理是否正确。

第五，了解本年度利润弥补以前年度亏损的情况，如果已超过弥补期限，且已因为抵扣亏损而确认递延所得税资产的，应当进行调整。

第六，结合以前年度损益调整账户的审计，检查以前年度损益调整的内容是否真实、合理，注意对以前年度所得税的影响。对重大调整事项应逐项核实其发生原因、依据和有关资料，复核数据的正确性。

第七，确定未分配利润在资产负债表上的列报是否恰当。

第七章 审计管理

第一节 审计管理概述

一、审计管理的内涵与特点

（一）审计管理的概念

审计管理是指审计主体为了履行审计职能和实现审计目标，依据相关法律法规和审计准则，采取科学的管理理论与方法，旨在提高审计工作的效率和质量，对审计事务及具体审计业务进行计划、组织、指挥、协调和控制的过程。

审计管理有广义和狭义之分。广义的审计管理包括审计机构管理、政府审计机关对审计行政事务的管理以及审计机构对开展具体审计业务的管理。狭义的审计管理仅指政府审计机关及其他审计机构对开展具体审计业务的管理。

政府审计机构管理的最高权力机关是隶属于国务院的国家审计署，各级审计机关是各级政府的组成部门，履行着政府管理行政事务的行政职能，依据《中华人民共和国审计法》及其他法律法规所赋予的权力，对审计领域的行政事务进行管理是其基本工作职责。中国的审计行政事务管理采取双重管理模式，即下级审计机关不仅对上级审计机关负责，同时还要向同级人民政府负责。各级审计机关不仅管理审计行政事务，而且还要组织开展各项具体的审计业务，履行审计行政事务管理和审计业务管理的双重职能。因此，其内部机构也会根据职能的需要而设置。

内部审计机构管理没有强制性的法律规定，一般由各单位在内部自行设立，隶属于某个层级的权力机构，在其领导下对单位内部经营活动及内部控制的适当性、合法性和有效性进行监督、鉴证和评价，以促进本单位或组织目标的实现。在业务指导方面，由中国内部审计师协会负责组织和管理。

独立审计组织一般是指会计师事务所，独立审计组织采取行政指导下的行业自律管理模式。中国注册会计师协会是注册会计师行业的全国最高组织，在财政部指导下开展全国注册会计师行业的管理工作；省、自治区、直辖市设立地方注册会计师协会，负责管理各地方注册会计师行业的事务。注册会计师协会不仅管理独立审计机构的日常事务，还要负责制定行业规范、组织会员培训、开展对外宣传与交流等其他事务。

（二）审计管理基本要素

1. 审计管理的主体。审计管理的主体是指从事审计行政事务管理及具体审计业务管理的各审计机构，包括政府审计机关、独立审计组织及企事业单位的内部审计机构。其中，政府审计机关既是审计行政事务管理的主体，也是具体审计业务管理的主体。

2. 审计管理的客体。审计管理的客体是指审计管理所作用的具体对象。政府审计机关进行审计管理的客体涉及审计行政事务和具体审计业务两个方面，而独立审计组织和企事业单位的内部审计机构进行审计管理的客体主要是各项具体的审计业务。

3. 审计管理的目标。审计管理的目标是指各个审计主体通过管理活动所要达到的最终目的。一般管理活动是为了实现组织的既定目标，让有限的资源产生最大的经济效益，同样，审计管理的目标就是在合理成本保证的前提下提高审计工作效率、节约审计工作成本、保证审计工作的质量。

4. 审计管理的原则。任何管理活动都应该在一定的原则下进行，这样才能保证目标的实现。依据现行的行政管理模式及行业发展现状，审计管理应该遵循以下原则。

（1）合法合规性原则：目前，在审计行政管理及行业发展领域存在一系列的法律、法规、规章及行业准则，审计管理活动必须遵守这些法律法规及准则的规定，依法合规进行。

（2）成本效益原则：在具体审计业务管理活动中，审计质量和审计成本是一对矛盾，在审计行政事务管理中，也存在类似的问题，因此，在审计管理中必须权衡成本与效益的关系。

（3）合理保证原则：由于审计活动属于提供合理保证的鉴证业务，不可能提供绝对保证的结果，否则将违背成本效益原则，因此，鉴于多种因素的束缚，审计管理目标的实现在合理保证的原则下进行即可。

5. 审计管理的意义。不论是政府审计机关对审计行政事务的管理，还是各审计机构对具体审计业务的管理，都具有重要意义。

政府审计机关对审计行政事务进行管理，是审计机关必须履行的行政职能，科学管理可以提高工作效率、节约行政成本，进行管理创新可以更好地发挥审计监督的作用。

审计机构对具体审计业务进行管理，有利于减少或避免审计风险、保证审计工作质量、提高审计工作效率、有效利用审计资源。同时，通过对具体审计业务进行管理，也可以形成有效的管理制度，使审计管理逐渐规范化、制度化。

（三）审计管理的特点

审计管理与一般管理活动一样具有决策、计划、组织、领导和控制五项职能，也具有一般管理活动的普遍特征，表现如下。

1. 审计管理为完成审计工作服务。审计管理是对审计工作的管理，不管是政府审计机关管理审计行政事务，还是各审计机构管理具体审计业务，都是为了更好地履行管理职责或更好地完成工作任务，审计管理是对完成审计工作而进行的服务过程。

2. 审计管理是为了提高审计工作质量和效率。管理的主要目的是提高工作效率，降低工作成本，审计管理也不例外，但前提是保证审计工作质量。因此，加强审计管理就必须统筹安排人力、财力，科学合理地利用和分配审计资源，发挥最大的效益，达到提高审计工作质量和效率的目标。

3. 审计管理的重点是对人的管理。审计管理活动主要是由审计人员独立实施的一系列行为过程，除了遵守相关的法律法规之外，审计人员完成工作任务的质量和效率在很大程度上取决于自身的素质。因此，在审计管理活动中应该重点加强对审计人员的管理，需要不断提高其职业道德水平，加强工作责任感，恪守独立性。此外，还应该不断加强业务素质培养，提升工作能力和主观能动性。

4. 审计业务管理贯穿于审计业务活动的始终。审计行政事务管理属于审计机关的行政职能，管理工作主要在于创新。而审计机构对于审计业务管理则贯穿于审计业务活动的各个阶段，包括审计计划编制、审计业务约定、审计业务实施、审计现场管理、审计信息及档案管理等环节。每一个环节都需要进行过程控制，为提高审计管理的工作质量和效率服务。

二、审计管理的主要内容

审计管理的内容与审计管理的客体密切相关。随着社会及经济不断发展，审计行政事务及具体审计业务都将不断拓展，审计管理的内容也将不断充实和完善。从狭义的审计管理角度考虑，审计管理的内容主要包括审计计划管理、审计现场管理、审计资源管理、审计质量管理、审计信息管理等。

（一）审计计划管理

"凡事预则立，不预则废"，审计管理工作也需要进行周密计划，切实保证审计管理工作的效率性和规范性。审计计划管理主要是指政府审计机关、独立审计组织及内部审计机构每年进行的审计项目计划管理，包括制订审计项目计划以确定工作任务，执行审计计划并考核计划的完成情况。

只有加强审计计划管理，才能保障审计机构科学、有序和高效运行，避免审计工作盲目、随意开展，同时，也可以为考核和评估审计计划执行情况提供依据。

(二) 审计现场管理

审计现场管理是指负责实施审计业务的审计组（项目团队）在实施审计方案过程中，对审计人员、审计资料、审计时间、审计方法、审计信息及审计成本进行管理和控制的过程。审计现场管理是提高审计工作效率、保证审计工作质量、降低审计成本的重要保障，也是审计业务管理的重要环节。

审计现场管理是审计项目负责人的主要职责。与被审计单位签订审计业务约定书以后，在计划审计工作及确定总体审计策略的过程中，审计项目负责人就要考虑审计现场管理问题。因为审计计划通常由审计项目负责人于外勤工作开始之前起草，在此阶段，审计项目负责人就应该统筹规划，合理配置审计人员，准备审计资料，筹划审计时间，确定审计方法，安排审计信息传递途径，合理控制审计成本。只有做好这些工作，才能够保证现场审计开始以后，审计方案实施能够顺利进行。

(三) 审计资源管理

审计资源管理是指对可用于审计业务方面的人力、物力、财力资源的有效整合和优化配置。审计资源包括审计人力资源、审计技术资源、审计时间资源和审计信息资源等，这些资源都是开展审计业务的物质基础，需要整合优化，使其充分发挥作用。因此，审计机构要勇于实践、大胆创新，通过改善组织结构、优化人力资源配置、实施审计人才储备、改进审计技术与方法、加强审计信息资源的利用与共享，来提高审计队伍整体能力，适应审计工作发展需求。

(四) 审计质量管理

审计质量管理是指审计组织为保证和提高审计质量，建立质量管理体系，综合运用控制手段和方法，控制和影响审计质量全过程各因素，以取得反映客观情况、适应各方面需要的审计结论的审计管理活动。[①]

审计质量是审计工作的生命。审计结论的客观性、公正性，审计工作的权威性以及审计职业的生存与发展，都要受到审计质量的影响，因此，审计质量管理至关重要。审计质量管理主要包括质量标准制定、质量状况记录、质量考核与评价等工作。

（五）审计信息管理

审计信息管理主要是指对审计信息的收集、整理、反馈、存储及利用等。审计信息管理的目的在于保证审计信息资源能够得到有效开发和利用，更好地发挥审计信息在后续工作中的作用。

审计信息的范畴较为广泛，不仅包括审计业务实施过程中形成的审计计划、审计证据、审计工作底稿、审计报告、审计决定及建议，而且包括经过长期审计工作实务总结形成的工作流程及工作经验等有价值的信息资料。审计信息可能以纸质形式存在，也可能以电子形式存在。审计信息管理就是通过筛选、加工和整理形成共享资源，发挥其最大效用。

三、审计管理的基本方法

（一）制度规范管理

管理活动，看似管事，实则管人，是通过制度建设来规范、约束人员的行为。作为一项正常的管理活动，审计管理的制度建设是基础工作，因此，审计管理主体必须建立和完善各项管理制度，首先做到"有法可依"。这些制度应该包括审计管理工作的各个方面及各个环节，涉及审计计划管理制度、审计现场管理制度、审计资源管理制度、审计质量管理制度及审计信息管理制度等。

[①] 尚全华，李先俊，邹远勤. 浅谈审计质量控制的方法和措施[J]. 理财：学术版，2015（6）：42-44.

（二）目标管理

目标管理是以目标为导向，以人为中心，以成果为标准，从而使组织和个人取得最佳业绩的现代管理方法。换言之，目标管理是在一个组织所有员工的积极参与下确定工作目标，并在工作中实行"自我控制"，自下而上地保证目标实现的一种管理办法。美国管理大师彼得·德鲁克说："目标并非命运，而是方向；目标并非命令，而是承诺；目标并不决定未来，而是动员企业的资源与能源以便塑造未来的那种手段。"

目标管理方法完全可以应用于审计管理工作当中、审计机构结合外部环境和内部条件，并综合平衡审计资源，确定在一定时期内预期达到的工作成果，确立工作目标，也可以将目标适当分解，同时对目标的实施过程进行控制，最后对目标的完成情况进行考核和奖惩，使"责、权、利"有机结合，形成全员参加、全过程管理、全面负责、全面落实的管理体系。

（三）全面质量管理

全面质量管理，就是指一个组织以质量为中心，以全员参与为基础，目的在于通过顾客满意和本组织所有成员及社会受益而达到长期成功的管理途径。在全面质量管理中，质量这个概念和全部管理目标的实现有关。全面管理就是进行全过程的管理、全企业的管理和全员的管理。

审计管理工作可以借鉴全面质量管理的思想，以提高效率为辅助，以保证质量为最终目标。在审计业务实施过程中，审计人员、审计对象、审计方法、审计环境等因素交织在一起并相互联系，都可能影响和制约审计质量，因此，审计机构在审计管理过程中，应该要求全员参与、全过程管理，为提高审计质量提供全方位的保障。

第二节 审计计划管理

一、审计计划的含义

《国家审计准则》第二十六条规定，审计机关应当根据法定的审计职责和审计管辖范围，编制年度审计项目计划。

《中国注册会计师审计准则第1201号——计划审计工作》第三条规定，计划审计工作包括针对审计业务制定总体审计策略和具体审计计划。计划审计工作有利于注册会计师执行财务报表审计工作。

《第2101号内部审计具体准则——审计计划》规定，审计计划是指内部审计机构和内部审计人员为完成审计业务，达到预期的审计目的，对审计工作或者具体审计项目做出的安排。

综上所述，审计计划是指审计机构综合考虑外部因素和内部资源条件，规划定时期内审计业务开展的数量和质量目标，是用于指导、组织和控制审计机构所有审计活动的纲领和行动指南。

二、审计计划的分类

（一）按审计计划的编制主体分类

按审计计划的编制主体，审计计划可以分为政府审计计划、独立审计计划和内部审计计划，分别由政府审计机关、独立审计组织和内部审计机构编制。

（二）按审计计划涉及的层次分类

按审计计划涉及的层次，审计计划可以分为宏观审计计划和微观审计计划。宏观审计计划一般由最高审计机关及行业协会拟定和编制，主要确定政府审计、独立审计及内部审计的行业发展方向、审计业务领域拓展、审计技术方法革新、审计人才储备与培训等宏观层面的问题。微观审计计划一般由地方审计机关及行业协会或者具体的审计机构编制，主要涉及某个区域或者具体审计机构审计工作发展思路、审计业务重点、审计人员配备等微观层面的问题。

（三）按审计计划的繁简程度分类

按审计计划的繁简程度，审计计划可以分为年度审计计划、项目审计计划和审计方案。年度审计计划是对年度审计任务所做的事先规划，是该组织年度工作计划的重要组成部分；项目审计计划是对具体审计项目实施的全过程所做的综合安排；审计方案是对具体审计项目的审计程序及其时间等所做的详细安排。《国家审计准则》重点规定了编制年度审计项目计划的相关要求。

三、审计计划管理的内容

审计计划管理包括审计机构制订审计计划、组织计划实施，并对计划实施情况进行检查与考核一系列循环的全过程。

（一）审计计划的编制主体

一般情况下，审计计划由各审计机构负责编制。政府审计计划由各级政府审计机关负责编制；独立审计组织的审计计划由会计师事务所的管理层负责编制；企事业单位的内部审计计划由其内部审计机构负责编制。

（二）审计计划的主要内容

1. 政府审计机关审计计划的主要内容。依据《国家审计准则》的规定，政府审计机关年度审计项目计划的内容主要包括：①审计项目名称；②审计目标，即实施审计项目预期要完成的任务和结果；③审计范围，即审计项目涉及的具体单位、事项和所属期间；④审计重点；⑤审计项目组织和实施单位；⑥审计资源。

采取跟踪审计方式实施的审计项目，年度审计项目计划应当列明跟踪的具体方式和要求。专项审计调查项目的年度审计项目计划应当列明专项审计调查的要求。

2. 独立审计组织审计计划的主要内容。依据《中国注册会计师审计准则第1201号——计划审计工作》的规定，注册会计师应当制定总体审计策略，以确定审计工作的范围、时间安排和方向，并指导具体审计计划的制订。具体审计计划应当包括下列内容：①计划实施的风险评估程序的性质、时间安排和范围；②在认定层次计划实施的进一步审计程序的性质、时间安排和范围；③计划应当实施的其他审计程序。

3. 内部审计机构审计计划的主要内容。依据《第2101号内部审计具体准则——审计计划》的规定，审计计划一般包括年度审计计划和项目审计方案。年度审计计划是对年度预期要完成的审计任务所做的工作安排，是组织年度工作计划的重要组成部分。项目审计方案是对实施具体审计项目所需要的审计内容、审计程序、人员分工、审计时间等做出的安排。

年度审计计划应当包括下列基本内容：①年度审计工作目标；②具体审计项目及实施时间；③各审计项目需要的审计资源；④后续审计安排。

项目审计方案应当包括下列基本内容：①被审计单位、项目的名称；②审计目标和范围；③审计内容和重点；④审计程序和方法；⑤审计组成员的组成及分工；⑥审计起止日期；⑦对专家和外部审计工作结果的利用；⑧其他有关内容。

审计计划的编制可以采用表格形式，也可以采用文字描述方式，或将二者结合起来。审计计划重点列示审计项目名称、审计内容、审计重点、审计目标等主要内容，等到审计项目实施时，再详细制定具体的审计工作方案。

（三）审计计划的实施

无论是政府审计机关、独立审计组织还是内部审计机构，都应该严格按照审计计划编制的内容，开展审计活动，实施审计计划中规定的审计项目。上级审计机关应当指导下级审计机关编制年度审计项目计划，提出下级审计机关重点审计领域或者审计项目安排的指导意见。年度审计项目计划确定审计机关统一组织多个审计组共同实施一个审计项目或者分别实施同一类审计项目的，审计机关业务部门应当编制审计工作方案。审计项目负责人应根据项目审计计划制定审计方案，还可以根据被审计单位的经营规模、业务复杂程度及审计工作的复杂程度确定项目审计计划和审计方案内容的繁简程度。

在审计计划实施过程中，应该建立责任制，审计项目实施单位或项目团队应该有更详细的管理方案，包括审计现场管理、审计质量控制、审计成本控制等。保证按审计计划规定的时间完成任务，在尽可能节约审计成本的前提下提高审计质量。

（四）审计计划的调整

审计项目计划一经下达，各审计机构应当努力完成。但是，在审计计划实施过程中，如果出现了特殊情况，应该按照规定程序进行审批，调整审计计划。

依据《国家审计准则》的规定，在政府审计机关年度审计项目计划执行过程中，遇有下列情形之一的，应当按照原审批程序调整：①本级政府行政首长和相关领导机关临时交办审计项目的；②上级审计机关临时安排或者授权审计项目的；③突发重大公共事件需要进行审计的；④原定审计项目的被审计单位发生重大变化，导致原计划无法实施的；⑤需要更换审计项目实施单位的；⑥审计目标、审计范围等发生重大变化需要调整的；⑦需要调整的其他情形。

独立审计组织和内部审计机构在审计计划执行过程中，应当在必要时对审计计划进行调整，具体包括调整被审计单位或被审计部门、审计目标、审计范围、审计项目组负责人、项目构成人员、审计项目实施时间等。

（五）审计计划实施的检查与考核

各审计机构的审计计划执行完毕后，为了更好地总结工作，吸取经验教训，进一步改进审计计划管理方法，可以运用抽样检查、重点检查等方法对审计计划的实施执行情况进行全面总结、检查与考核。

审计计划执行结果的检查与考核，首先应由各审计小组或审计项目组进行自我检查考核，并撰写实施情况报告；其次由审计机构内各职能部门根据自我检查报告选择若干审计项目进行验证性检查，并写出本部门总结报告；最后由审计机构根据各职能部门的报告进行归纳总结，对涉及的有关重大问题和事项进行重点检查。根据检查评价结果，对各审计项目实施单位或审计项目组进行考核，奖惩结合，对好的做法发扬光大，对存在的问题分析原因，然后找出解决的措施或方案。

第三节 审计现场管理

一、审计现场的含义

顾名思义，现场一般指作业现场。审计现场有广义和狭义之分，如果把审计报告看作审计机构的"产品"，那么所有生产、加工审计报告的场所都是审计现场，即审计的全过程，包括审计前的准备、审计实施和审计终结三个阶段，这就是广义的审计现场。而狭义的审计现场仅指审计实施阶段的现场作业。

我们认为审计活动的各个阶段分工明晰、任务各异，共同为完成审计工作和保证审计质量服务，一般认为审计现场就是指审计项目的实施过程中在被审计单位开展的审计现场作业。

审计管理是一个有机的系统和整体，各个环节目标明确，审计现场管理就是指在审计项目实施过程中对审计现场作业管理和控制的过程。

二、审计现场管理的主要内容

（一）合理配置审计现场资源

从主客体两个方面来讲，审计资源也可分为两类：一类是审计主体资源，即审计机构可以利用的全部资源，包括审计人力资源、审计技术资源、审计设备资源等；另一类是审计客体资源，即被审计单位可供审计的对象资源。

审计资源合理配置就是要求审计主体资源和客体资源合理搭配，做到人尽其才，提高审计工作效率，保证审计工作质量。因此，审计项目组组长应该根据审计项目总体目标，制定详尽的审计实施方案，把所有审计任务进行合理分解，在充分了解审计人员各自业务能力及技术特长的基础上，给其分配恰当的工作任务。另外，在对审计任务进行分解组合时，还应该考虑审计任务相互之间的关联性和逻辑性，有些业务之间存在佐证关系的不宜人为进行分割，如销售收入与应收账款的审查就不宜分割。

在审计实践中，审计资源配置环节可能会被提前到审计方案制定的过程中，但其本质上属于审计现场管理的组成部分，况且在审计现场根据新出现的情况，可能还需要对审计资源配置进行必要的调整。

（二）审计现场信息的沟通与反馈

在审计工作现场，审计人员的工作是相对独立的，每个人按照审计实施方案规定的程序开展工作。但是，所有人的审计工作又是一个有机整体，都是整个审计项目的组成部分，某一个审计人员发现的线索很可能就是另外一个审计人员提出审计结果的重要证据。同时，审计工作中的每一个审计事项看似独立，实则互相联系、互相印证，因此，在审计现场非常需要及时进行信息的沟通与反馈。

审计项目负责人需要发挥领导和指挥作用，定期组织召开项目组的讨论会议，除了汇报审计工作进展情况，还应该交流各自开展审计工作的体会及审计发现的重要线索和信息，以便确定下一步工作的重心和方向。如果发现有事前未曾预料的重大情况，就有必要调整审计策略和具体审计方案。

（三）合理掌控审计时间与进度

虽然审计项目的整体时间安排在审计方案中预先确定，但毕竟较为粗略，也可能存在考虑不周全的因素。因此，审计项目负责人在现场管理中就需要统筹安排各审计事项的具体时间进度，还要考虑因特殊原因需要追加审计程序而预留必要的审计时间，使得审计项目的总体时间和进度符合审计项目计划规定的时间进度要求。

另外，审计时间进度与审计详细程度是互相矛盾的。有了审计时间进度的限制，审计详细程度就要受到影响。一般情况下，审计时间进度应该服从于审计深度，但是，如果有特殊要求的审计项目，时间要求紧迫，如何在有限的时间内保证审计质量，审计项目负责人需要掌握平衡审计时间进度和审计深度的技巧，这其实是对审计项目负责人提出了更高的要求。

（四）对审计现场例外情况及突发事件的处理

审计现场管理在很大程度上依赖于审前调查以及审计实施方案的制定。但是，任何审计方案都不可能做到天衣无缝，审计方案在实施过程中总会发生未能预见的例外情况及突发事件。

如果在审计现场发生例外情况及突发事件，审计项目负责人首先需要判断其严重程度，如果这些情况不足以影响审计目标及整体工作进度，则可以采取扩大审计范围、追加审计程序的方式予以解决。如果这些例外情况及突发事件的发生导致无法实现既定的审计目标，审计项目负责人需要决定是否终止审计，并及时汇报和审批。如果终止审计工作，就应立即撤离审计现场；如果继续审计工作，就需要调整审计方案并立即重新掌控时间进度。

三、审计现场管理的作用

从系统论的角度看,审计质量控制应该是一个由各项控制机制组成的完整的质量控制体系,它涵盖审计的全过程,其核心就是对提供合格审计产品的过程进行控制。在审计全过程的整体系统中,审计现场管理与控制是一个非常重要的子系统,不仅体现管理者或组织者对审计现场的驾驭管理水平,而且是保障审计项目质量的重要措施。

(一)有利于保证审计现场作业的效率和效果

虽然各个审计机构对于开展审计项目的目标及侧重点有所差异,但仍然希望在较短的时间期限内以较低的审计成本达到预期的审计目标,即提高效率和提升效果是共同的追求。因此,加强审计现场管理、有效的组织协调、明确的任务分工、科学的规划、团队中审计人员的良好协作、畅通的信息反馈与沟通、审计组组长正确地指挥决策等,都可能成为提高现场审计效率及提升审计工作效果的重要因素。

(二)有利于保证审计结果的可靠性

审计报告作为审计活动的最终"产品",审计机构内部及外部决策者都极为关注,而反映在审计报告中的审计结果的可靠性来自审计人员的现场审计作业。审计结果的可靠性就是审计结果的可信赖程度,由于审计活动本身存在局限性,只能对审计客体提供合理保证,公众对审计结果的可信赖程度主要建立在审计过程的可靠性上。审计过程可靠说明审计人员遵守了法律法规及审计准则,遵照审计项目计划及审计实施方案开展审计现场作业,获取了充分的审计证据,形成了客观的审计结果。

当然,审计结果的可靠性并不能仅仅依赖于审计人员的自觉性,这种可靠性的保障还来源于审计组织内部有效牵制而形成的控制机制。因此,通过审计现场管理,可以消除信息沟通障碍,排除外界因素干扰,增强审计组组长或指定人员的现场复核深度,加强审计人员现场作业监督等。所以,从管理与控制的角度看,建立有效机制可能比强调审计人员遵守职业道德更为重要，而且这个控制机制应该是完善和有效的。

（三）有利于保证审计过程的合法性和合规性

合法、合规的审计作业流程是提供可靠审计结果的基本前提，审计作业流程贯穿于审计活动的各个阶段。在审计现场，审计作业程序的合法、合规性同样十分重要。

首先，审计取证的程序必须符合法律法规的规定，未经合法合规程序取得的审计证据是无效的，在此基础上形成的审计结果也是不可靠的；其次，对具体审计事项审计程序的设计和实施也必须是合法合规的，从而保证对具体事项的审查遵守作业规范，并能有效降低审计风险，减轻审计责任。

第四节 审计资源管理

一、审计资源的含义

审计资源是指审计机构开展审计业务可以利用的人力、物力、财力、时间及信息等方面的所有资源。审计机构开展审计业务质量的高低与其拥有审计资源数量的多少密切相关，对审计资源管理的科学有效性也直接影响审计工作效率，因此，优化审计资源管理是审计工作创新发展的基础和前提。

二、审计资源管理的必要性

（一）审计资源具有稀缺性

任何资源受制于时间、空间，相对于需求而言都是有限的。随着社会及经济发展，相对于审计的大量需求而言，审计资源也是有限的、稀缺的资源，这也是社会现实。无论是政府审计、独立审计还是内部审计，都存在着巨大的社会和市场需求，而政府审计机关、独立审计组织及内部审计机构提供的审计服务都是很有限的，主要原因就是审计资源不能满足社会对审计的需求。因此，有必要对有限和稀缺的审计资源进行管理整合。

（二）审计资源管理是为了实现审计资源的有效利用

审计资源是审计机构开展审计活动的物质基础，各个审计机构利用审计资源开展审计业务活动都是履行法定职责、发挥审计保障国家经济和社会健康运行的免疫系统功能、提升组织核心竞争力、提高组织科学管理水平、实现权力制衡的有力工具。加强审计资源管理可以充分发挥审计机构的职能与作用，保障组织目标的顺利实现。因此，审计机构通过充分挖潜、有效整合、合理安排等手段实现审计资源的强化管理，能够充分提高审计资源的使用效益，更加有效地实现审计目标。

（三）审计资源管理是审计管理的必然要求

审计管理的总体目标是保证审计质量，提高审计效率，防范审计风险。审计管理的各个环节都为审计管理的总体目标服务，并且每个环节的管理都不是独立的而是相互联系、相辅相成的。只有每个环节的管理协调配合，才能实现审计管理的总体目标。

审计资源管理是一项"幕后工作"，其很多管理活动隐藏在审计管理工作的背后，不如审计计划管理、审计现场管理、审计信息管理等显而易见，其发挥的作用也是潜藏在审计业务活动的过程中，所以，审计资源管理是审计管理的必然要求。

三、审计资源管理的主要内容

（一）加强审计人力资源管理、储备与培训

审计人力资源是审计资源中最宝贵、最具有开发潜力的资源，是审计管理工作的重中之重，也是审计机构开展审计业务活动的基本保障。加强审计人力资源管理、储备与培训要从以下几个方面着手。

1．吸引和选拔优秀人才加入审计职业队伍。审计工作业务性强，技术要求高，对审计人员的综合素质和规格标准要求更高，同时，审计人员还应该具备崇高的职业道德水平以及高尚的个人道德情操，确保执业的独立性。因此，需要提高审计职业的社会认同度及社会价值，配合有效的薪酬机制，吸引优秀人才加入审计职业队伍，同时，以高标准进行选拔，确保审计人力资源的优越性。

2．合理配置审计人力资源的专业结构。随着社会进步和经济发展，审计人员面对的审计业务越来越复杂，审计业务的专业性也越来越多元化，过去清一色财、会、审专业背景的审计人员已经不适合社会现实的需要。工程管理、造价管理、信息管理、计算机、法学等专业背景的人才将成为审计业务开展所需要的人才，因此，各审计机构在引进和选拔人才时，必须考虑对整个团队人员的专业结构进行合理配置。

3．合理储备审计后备人才。随着时间的推移，人总会老去。审计人力资源也会面临老化和替代，没有新的力量补充，审计事业发展也将面临巨大挑战。因此，从长远考虑，审计机构应该加强人才储备，对审计人力资源进行不断补充，形成合理梯队。

4．对审计人力资源进行持续培训。审计人员的成长和发展也需要不断进行后续教育，不仅要培训专业知识，补充新的审计技术和审计方法，还要针对审计业务的发展不断补充新的审计思路和理念，更要持续培训审计人员的职业素养和职业修养，保持整个队伍过硬的业务能力。

5．合理利用外部专家。利用外部专家其实是审计机构人力资源的延伸，在有些审计业务中，审计机构由于缺乏人手，可能无法独立完成审计任务，这时可以考虑聘用外部专家参与审计活动，提供专业指导，共同完成审计任务。

（二）统筹使用审计财力和物力资源

必要的财力和物力投入是完成审计任务的物质基础，但是，在投入的财力和物力有限的情况下,就需统筹使用。审计机构需要对所有审计项目团队的任务数量、任务难度、目标要求等做周密的分析,根据实际需要配备适当的财力和物力。审计机构还可以依据各项目组的工作进度,将有些设备、物资、工具等流转使用,以保证各个审计项目组的财力和物力需求。

(三)充分高效利用审计时间资源

审计时间资源利用是否有效与审计计划的编制密切相关,审计机构要在掌握自身各种可利用资源的前提下周密部署、周详安排,进而编制年度审计计划。避免出现业务繁忙时审计资源紧缺,业务惨淡时审计资源闲置,不能有效发挥审计时间资源的价值。

(四)发挥审计信息资源的优势

审计信息资源包括审计机构使用的信息技术及软件资源、审计工作规范流程、收集的被审计单位详细资料、审计工作底稿、会议纪要、审计建议、审计报告等各种信息资源。审计机构可以建立信息数据库,实现信息共享,充分发挥信息资源被重复利用的价值优势,避免重复工作,提高工作效率。

(五)合理控制审计成本

控制审计成本看似与审计资源管理无关,其实不然,降低了审计成本就节约了审计资源。出于保证审计质量、防范审计风险的角度,可能会使控制审计成本的考虑受限于对审计目标的要求。但是,基于成本效益原则,还是应该对审计成本进行适当的控制,当然不能以牺牲审计质量为代价而节约审计成本,这就要求审计机构合理解决审计质量与审计成本之间的矛盾。

第五节　审计质量管理

一、审计质量的含义

审计质量是指审计工作过程及其结果的优劣程度。审计质量是审计工作的生命，审计质量是衡量审计工作成败的唯一标准，因此，审计质量管理是审计管理工作的核心和主线。

从严格意义上讲，审计质量包括审计结果质量和审计工作质量两个方面的内容。审计工作质量是审计结果质量的基础和保证，审计结果质量是审计工作质量的体现和反映。从社会对审计信息的需求来看，注重的是审计结果质量；而审计机构在审计管理中注重的则是审计工作质量。审计机构只有加强审计工作质量，才能够保证审计结果质量，满足社会对审计信息的期望和需求。

二、审计质量管理的意义

（一）有利于确保审计监督的权威性

无论是政府审计、独立审计还是内部审计，都是依法开展的审计监督活动，具有高度的独立性。审计报告无须经过任何组织的鉴证，就具有客观性、公正性，其监督效果具有很高的权威性。因此，加强审计质量管理是确保审计监督权威性的必然要求。

（二）有利于防范审计风险

提高审计质量、防范审计风险是审计工作的永恒目标，而进行审计质量管理就是防范审计风险的主要途径。由于审计工作本身的局限性，审计风险无法全部予以规避，只能采取必要措施进行合理控制，将审计风险降到审计人员可接受的低水平。当然，审计管理的各方面内容都是为防范审计风险服务的，而审计质量管理正是防范审计风险的核心和主线。

（三）有利于提供高质量的审计信息

由于审计具有高度的独立性，审计信息被社会认为是最可靠、最公正、最可信赖的信息，被政府管理机构和社会组织广泛采纳和使用，具有较强的影响力和较宽的影响面。因此，审计机构通过审计质量管理，加强审计工作的过程控制，保证审计结果的客观与公正，可以充分满足社会对高质量审计信息的需求。

（四）有利于审计事业的长远发展

只有通过审计质量管理，确保审计机构一如既往地提供高质量的审计结果信息，社会公众才能够树立对审计机构的信心，坚持对审计工作给予支持，审计机构开展审计工作才能够有动力，审计事业才会不断发展。

三、审计质量管理的要求

审计质量管理实质上贯穿于审计工作的全过程，是一项系统性工作，只有对每个环节都进行质量控制，才能够保证整体审计工作及审计结果的质量。因此，审计质量管理必须达到全面、连续、及时的要求，应该进行全要素质量管理、全方位质量管理及全过程质量管理。

（一）全要素审计质量管理

审计质量是多个因素综合影响的结果，控制审计质量就要综合考虑各个因素，全面建立审计质量控制机制。

依据国家审计准则，政府审计质量控制的要素包括：审计质量责任；审计职业道德；审计人力资源；审计业务执行；审计质量监控。

依据注册会计师审计准则，独立审计质量控制的要素包括：对业务质量承担的领导责任；相关职业道德要求；客户关系和具体业务的接受与保持；人力资源；业务执行；监控。

依据内部审计具体准则，内部审计质量控制的要素包括：内部审计机构的组织形式及授权状况；内部审计人员的素质与专业结构；内部审计业务的范围与特点；成本效益原则的要求等。

尽管各审计机构开展的审计业务呈现出一定的差异，进行审计质量控制的要素也略有不同，但是，都需要针对各自不同的影响因素建立全要素的质量控制机制。

（二）全方位审计质量管理

审计工作是一项专业性较强的复杂工作，不仅包括审计计划、审计组织、审计人员、审计业务、审计信息和审计研究等业务工作，还包括审计后勤保障等行政性工作，以及审计财务等经济性工作。保证和提高审计质量，必须对所有工作实施全方位的质量管理，如果每一项工作质量都有了切实保证，审计结果的质量也就有了可靠的保证。因此，需要建立各项工作的质量管理责任制。

（三）全过程审计质量管理

审计业务活动过程包括审计准备阶段、审计实施阶段和审计报告阶段三个基本过程。全过程审计质量管理需要对这三个过程分别进行质量控制，把好每个环节的质量关，保证和提高整体审计工作质量，保证最终的审计结论的客观可靠。

四、审计质量管理的内容

政府审计、独立审计及内部审计的总体目标与业务特点具有一定的差异，但是，三种审计活动的业务程序基本是规范统一的。按照控制论的原理，审计质量管理是对审计工作质量全面的、系统的和连续的控制、按照各项管理措施发生的时间可分为事前管理、事中管理和事后管理三部分。

（一）审计质量事前管理

审计质量事前管理不仅指审计计划管理，还包括建立并完善必要的审计标准、构建审计机构、培训审计人员等内容。

1. 建立并完善审计工作的制度和标准。审计工作的制度和标准包括审计法律法规、审计准则、审计规范、审计实务指南等，这些制度和标准既是审计机构和审计人员履行法定审计职责的行为规范，也是执行审计业务的职业标准，更是评价审计质量优劣的基本尺度，需要在审计业务开始前完整地建立起来，并且需要随着审计环境的发展不断进行完善和更新。

2. 制订完善、合理的审计项目计划。审计机构根据年度审计计划，需要针对具体的审计项目及其审计目标，依照国家有关法律、法规和制度，依照审计准则的规范要求，结合被审计单位的基本情况，研究制订相应的审计项目计划及审计方案，确保审计质量事前准备工作充分。

3. 配备合适的审计人员并进行培训。根据具体审计项目计划及审计目标的需要，结合审计项目的难易程度，选拔配备合适的审计人员成立审计项目组，并对配备的审计人员进行必要的培训。

（二）审计质量事中管理

审计质量事中管理主要是指对审计过程的管理，应该从审计项目组进入被审计单位开始，到出具审计报告后审计项目组撤离被审计单位结束，需要做好三个方面的管理。

1. 确保按审计项目计划和审计方案实施审计工作。审计人员应该严格按照预先确定的审计项目计划和审计方案开展审计现场作业，除非出现例外情况或特殊事项，否则不得随意改变预先确定的方案。

2. 进行审计现场管理，加强信息沟通。审计项目负责人要切实履行工作职责，开展审计现场管理，确保审计人员认真进行现场作业，收集充分的审计证据，客观地进行评价，保证实事求是、客观公正。

3. 以审计证据为依据出具恰当的审计报告。审计人员要以取得的审计证据为依据，提出合适的审计意见与审计结论，出具反映审计过程与结果的审计报告。同时，认真复核审计报告，形成恰当的审计意见书和审计决定。

（三）审计质量事后管理

审计质量事后管理是指对审计质量的反馈与对审计结果的利用。审计机构应该将审计质量管理的工作向后延伸，现场审计工作结束出具审计报告后，审计机构可以进行审计回访，或者进行后续审计以检查审计建议的落实情况，以及审计决定的执行情况，从而决定采取相应措施。另外，如果有必要的话，审计机构可以将审计信息公开，并与相关部门沟通对审计结果的利用，提升审计结果的使用价值。

审计质量的事前管理、事中管理和事后管理相互联系、相互制约，共同构成完整的审计质量控制体系，核心是对审计人员行为的管理。

五、审计质量管理的措施

（一）建立分层次责任制度

一般情况下，审计机构开展业务活动都需要成立项目小组，项目负责人对审计业务的总体质量负责是第一个层次的责任制度；如果审计机构规模较为庞大，可能还会根据业务属性设立多个业务部门，部门负责人对该部门开展的所有审计业务的总体质量负责就是第二个层次的责任制度；最后由审计机构负责人对该机构所有审计业务的总体质量全部负责。

建立分层次的责任制度，并且进行相应的责任考核以及业绩评价，形成良好的审计质量管理环境，树立质量至上的工作宗旨，这样才能激励所有审计人员全身心投入，为保证审计质量尽心工作。

（二）培养合格的项目负责人

在审计实务中，项目负责人应当充分发挥示范作用和领导作用，除了带头遵守法律法规、职业道德守则和审计准则，按照规范执行审计业务之外，还要组织、协调和管理好整个项目组成员的工作，因此，合格的项目负责人对于审计质量的管理和控制至关重要。一般情况下，项目负责人应该做好以下工作：①审计业务实施前全面了解被分派审计项目的情况，总体评价审计风险；②及时全面地制定总体审计策略和重要审计领域的具体审计计划；③认真组织现场审计，合理安排审计人员，督导其他审计人员的工作；④把握重点审计领域和重点审计事项；⑤认真复核审计工作底稿；⑥善于与被审计单位沟通，对于重大事项应与其他审计人员、质监人员沟通，并及时向部门负责人及分管项目的有关领导汇报；⑦收集归纳审计问题，认真撰写审计总结；⑧认真复核被审计资料及审计证据，撰写审计报告；⑨关注审计报告出具后的事项；⑩对审计项目组成员的工作做出评价。

（三）进行分阶段质量控制

审计工作具有明显的阶段性特点，每个阶段的工作内容不尽相同，但每个阶段的工作质量都会对审计工作的总体质量造成影响，因此，需要对每个阶段的工作进行事前筹划，统筹安排。尤其要发挥项目负责人的领导作用，管理好现场审计工作。项目负责人应该熟知项目组每个成员的能力和特点，安排工作时应该发挥每位成员的业务能力和特长，做到人尽其才，并及时检查和指导他们的工作。项目负责人对其他审计人员反映的问题应及时解决，对有疑虑的情况应及时追加审计程序收集充分、适当的审计证据，能够现场解决的问题果断解决，一时难以解决的问题及时与被审计单位沟通，并向部门负责人、质监人员及主管领导汇报，在保证审计质量的前提下，确保审计工作按计划进度如期完成。

（四）进行关键点质量控制

所谓关键点就是指对审计质量具有重大和直接影响的业务环节。进行关键点质量控制就是要求对整个审计业务过程中列为关键点的环节和要素采取强有力的措施进行管理和控制，确保关键点的审计质量达到审计业务的整体质量要求。

进行关键点质量控制的核心是确定某项审计业务的关键点。不同的审计项目不同的审计业务范畴，以及同一审计业务的不同阶段，都有不同的关键点。因此确定审计业务的关键点，需要经验丰富的审计人员或者项目负责人发挥职业判断能力,对审计项目进行全面评估,把需要重点控制的关键点纳入审计策略及具体审计计划,进行重点监控。

(五)进行审计质量监督检查

审计质量监督检查是指由审计机构派出专门的检查小组或人员对正在执行或已经结束的审计项目的审计质量进行有目的的检查和评价。这种监督和检查也可以建立相关制度,成为审计机构的一项例行工作。

审计质量监督检查可以在审计现场进行,发现问题及时纠正;也可以事后进行,以检查审计档案为主要形式,可以查漏所执业质量检查补缺,为以后的审计质量管理提供借鉴和参考。

第六节 审计信息管理

一、审计信息的含义

审计信息有狭义和广义之分。狭义的审计信息仅指审计机构在开展审计工作过程中形成的公文、审计工作底稿、审计报告等规范的档案性文件和资料;广义的审计信息是指在开展审计工作过程中,审计机构收集及产生的以各种形式存储的所有文件、资料、数据等。审计信息的概念向外延伸,有利于更好地为开展审计工作服务。

审计信息管理就是指审计机构对各种审计信息进行收集、加工、整理、存储反馈、利用等,用来加强指导和控制审计工作的一系列活动。

二、审计信息的分类

(一)按审计信息的来源分类

按照审计信息的来源分类,审计信息可以分为外部审计信息和内部审计信息。外部审计信息主要是指来自审计机构外部的各种审计信息，包括来自被审计单位的相关信息以及与其他审计机构交流的审计信息；内部审计信息是指审计机构在开展审计业务过程中产生的各种文档资料等信息。

（二）按审计信息的内容属性分类

按照审计信息的内容属性分类，审计信息可以分为审计业务信息和非审计业务信息。审计业务信息是指开展审计业务过程中在计划、实施、报告等工作阶段形成的各种审计信息；非审计业务信息是指与审计业务没有直接联系的有助于审计工作开展的其他审计信息。

（三）按审计信息的存储形式分类

按照审计信息的存储形式分类，审计信息可以分为纸质审计信息和电子审计信息。纸质审计信息是指以纸质为存储介质的审计信息；电子审计信息是指以电子数据为存储形式的审计信息。

三、审计信息管理的意义

审计信息管理的主要目的在于保证审计信息资源能得到有效的开发和利用，有利于改进审计工作方法，提高审计工作效率，保证审计工作质量。在现代社会中，获取和掌握信息既是管理活动的重要内容，又是管理活动的终极目标。作为各类审计机构，由于其工作具有连续性和重复性，收集、开发、利用、反馈各类审计信息对其进行审计管理、开展审计业务具有重要意义。

（一）收集审计信息有利于掌控资源优势

在市场经济环境中，资源优势能够发挥不可替代的作用，谁掌握资源就占据主动位置。因此，审计机构要注意收集来自各方面的审计信息，这样就将拥有信息资源优势，对政府审计机关来说可以做到未雨绸缪，对独立审计组织来说可以在市场竞争中处于优势地位，对内部审计机构来说可以提前掌控组织全局，做到有的放矢。

(二)充分利用审计信息可以改进审计方法

对收集的审计信息进行归纳整理并分析,可以从中发现存在的问题,并改进审计方法,从而保证审计结果的准确性,最终保证审计质量。尤其是审计业务信息,审计机构应该充分发挥其应有的价值。

(三)充分利用审计信息可以提高审计工作效率

对审计信息进行梳理和分类后,就可以分门别类地进行使用。比如,对于较为成熟的审计项目所适用的审计方案和审计策略,可以直接采用,节省时间和成本;对于需要继续改进完善的审计信息,进行分析和改进后也可以采用,避免重复工作,大大提高了审计工作效率。

(四)交流和反馈审计信息可以提高审计工作的整体水平

政府审计机关、独立审计组织、内部审计机构的业务领域有所差异,但是,审计思想、审计方法、审计技术等方面则是相通的。因此,在保护商业秘密的前提下,各个审计机构之间可以充分交流和反馈审计信息,做到资源共享,取长补短提高审计行业的整体水平。

四、审计信息管理的内容

(一)审计信息的收集获取

审计信息的收集获取是指各个审计机构根据审计业务开展和审计管理需要,从各种信息来源渠道取得各类审计信息的过程。审计信息的收集获取可以被理解为审计信息进入审计信息管理系统的过程,处于审计信息管理循环的起点,是审计信息管理过程的开始。

审计信息的收集获取必须选择合理的程序和方法,具体包括:①确定收集获取审计信息的目标;②制订收集获取审计信息的计划;③运用恰当的收集获取审计信息的方法;④汇总传递收集获取的审计信息。

收集获取审计信息要及时、准确、全面,也要突出重点,同时与审计工作的开展密切相关。

（二）审计信息的梳理加工

审计信息的梳理加工是一个去粗取精、去伪存真的过程，是审计信息管理工作的核心内容和重要环节。对初始收集获取的审计信息进行分析、比较、研究和梳理，实际上就是对审计信息进行全面校验，剔除不真实、不准确的信息，从而大大提高了审计信息的真实性、可靠性，同时压缩去除多余审计信息，使审计信息精炼清晰。此外，通过审计信息的梳理加工，还可以派生出新的更有价值的审计信息，发挥审计信息的增值效果。

（三）审计信息的输出利用

审计信息的输出利用是指审计机构将收集获取的及经过梳理加工的审计信息，传输给审计信息使用者的过程。审计信息的输出利用是实现审计信息价值的桥梁通过把有用的审计信息输出给使用者加以利用，才能真正发挥审计信息的作用。同时，审计信息的输出利用也是审计信息梳理加工的必然结果，因为收集加工的审计信息若不及时输出利用就不能发挥其应有的价值。

（四）审计信息的反馈循环

审计信息的反馈循环是指将输出利用的审计信息产生的结果与实际情况相比较后再反馈回来，并对审计信息的再输出产生影响的循环过程。审计信息反馈时，应力求准确、可靠、及时和简单。

审计信息反馈循环的目标是评价输出利用的审计信息产生的效益和效果，进一步提高审计信息的利用价值，为下一步输出审计信息提出改进措施。因此，审计信息输出机构和审计信息使用机构应该及时沟通反馈审计信息的使用效果，分析审计信息输出利用过程中产生的需要进一步优化的相关问题，提出解决方案和措施，提高审计信息再次输出利用的适应性。

（五）审计信息管理手段升级更新

审计信息管理手段升级更新是指随着信息技术的发展和进步，审计信息管理应该充分利用信息技术的优势，在管理方式和管理手段上不断创新。在信息技术高度发达的背景下，也应该将信息技术优势应用到审计信息管理当中。目前，计算机辅助审计已经得到普遍应用，可以在此基础上开发审计信息系统，融汇更多功能，既便于开展计算机辅助审计，又便于审计信息管理。这样不仅可以提高审计信息管理效率，也可以促进审计信息管理手段不断地升级更新。

五、审计档案管理

（一）审计档案的含义

中华人民共和国审计署、国家档案局于 2012 年 11 月 28 日公布了《审计机关审计档案管理规定》，并自 2013 年 1 月 1 日起开始施行。其中第二条规定："审计档案，是指审计机关进行审计（含专项审计调查）活动中直接形成的对国家和社会具有保存价值的各种文字、图表等不同形式的历史记录。"

对于独立审计组织和内部审计机构而言，审计档案记载的内容可能不同，但是，审计档案的属性、形式及价值基本相同。

（二）审计档案的分类

1. 按审计体系分类。按审计体系分类，审计档案可以分为国家审计档案、独立审计档案和内部审计档案。

2. 按审计档案的属性分类。按审计档案的属性分类，审计档案可以分为结论类、证明类、立项类、备查类审计档案。

3. 按审计档案的载体分类。按审计档案的载体分类，审计档案可以分为纸质审计档案和电子审计档案。

（三）审计档案管理的意义

审计档案管理，就是指各审计机构对审计业务活动及审计管理活动中所形成的文件资料等进行收集、整理、编制、保管、鉴定、利用、统计及移送等工作，使审计档案条理化、规范化，维护其实物形态及使用价值不受损坏的一系列活动。

审计档案是各审计机构在审计活动中积累的专业档案，是执行审计任务的真实记录，也是考察审计工作质量、研究审计历史的依据和必要条件。其中，国家审计机关的审计档案属于国家档案的重要组成部分，独立审计组织及内部审计机构的审计档案不仅是该审计机构的重要文献资料，也是其从事审计活动的真实记录及法律凭证。因此，收集、整理、保管、利用好审计档案是各审计机构的重要任务，也是审计管理工作中不可缺少的重要环节。审计档案对于提供可靠的查证资料、提高审计工作质量、促使审计管理工作规范化、促进审计理论研究等方面都具有非常重要意义。

（四）审计档案管理的内容

1. 审计档案的收集。审计档案的收集一般从审计案卷的收集开始。审计案卷是审计档案的一个单元，审计档案就是由若干审计案卷组成的。审计案卷的收集一般以归档形式来完成。审计档案的收集应该注意以下事项。

第一，明确审计档案收集的范围，保证归档文件资料的完整性和系统性。根据《审计署审计文件材料立卷归档操作规程》的规定："审计文件材料，是指审计机关和审计人员在审计或专项审计调查活动中直接形成的各种文字、图表等形态的纸质记录材料。"

第二，坚持完整与精炼的原则，保证审计档案的质量。审计档案的收集既要确保与审计事项密切相关的文件资料必须全部收集、立卷和归档，避免遗漏，甚至予以补救，确保审计档案的完整性；又要对收集的审计档案进行鉴别和挑选，并加以取舍，对不必归档的作为资料保存，避免重复，力求精练。

2. 审计档案的立卷。审计档案的立卷是指将收集完毕的具有保存价值的审计文件资料，经过系统整理组成案卷的过程。具体工作内容包括：组卷、案卷内文件资料的排列与编号、案卷编目与装订等。

审计档案案卷质量的基本要求是：审计项目文件材料应当真实、完整、有效、规范，并做到遵循文件材料的形成规律和特点，保持文件材料之间的有机联系，区别不同价值，便于保管和利用。

审计文件材料应当按照结论类、证明类、立项类、备查类4个单元进行排列。审计文件材料按审计项目立卷，不同审计项目不得合并立卷。

审计文件材料的归档时间应当在该审计项目终结后的5个月内，不得迟于次年4月底。跟踪审计项目，按年度分别立卷归档。

3. 审计档案的保管。审计机关审计档案应当实行集中统一管理。审计机关应当设立档案机构或者配备专职（兼职）档案管理人员，负责本单位的审计档案管理工作。审计档案的保管是指审计档案管理人员依据相关制度采取有效措施保证审计档案的安全、完整，尽可能延长审计档案的使用寿命，发挥审计档案的使用价值。

审计档案应当采用"年度—组织机构—保管期限"的方法排列、编目和存放。审计案卷排列方法应当统一，前后保持一致，不可任意变动。审计机关应当按照国家有关规定配置具有防盗、防光、防高温、防火、防潮、防尘、防鼠、防虫功能的专用、坚固的审计档案库房，配备必要的设施和设备。

审计档案的保管期限应当根据审计项目涉及的金额、性质、社会影响等因素划定为永久和定期两种，定期分为30年、10年两种。

（1）永久保管的档案：是指特别重大的审计事项、列入审计工作报告、审计结果报告或第一次涉及的审计领域等具有突出代表意义的审计事项档案。

（2）保管30年的档案：是指重要审计事项、查考价值较大的档案。

（3）保管10年的档案：是指一般性审计事项的档案。

审计机关业务部门应当负责划定审计档案的保管期限。审计档案的保管期限自归档年度开始计算。

审计机关应当根据审计工作保密事项范围和有关主管部门保密事项范围的规定确定密级和保密期限。凡未标明保密期限的，按照绝密级30年、机密级 20 年、秘密级 10 年认定。

4. 审计档案的利用。审计档案的利用是指审计档案管理部门为了满足社会需要，向审计档案使用者提供审计档案的服务活动。审计档案的利用既是审计档案管理工作的出发点，又是审计档案管理工作的归宿，同时也是审计档案发挥其价值的重要体现。

审计机关应当加强审计档案信息化管理，采用计算机等现代化管理技术编制适用的检索工具和参考材料，积极开展审计档案的利用工作。

审计机关应当建立健全审计档案利用制度。借阅审计档案，仅限定在审计机关内部。审计机关以外的单位有特殊情况需要查阅、复制审计档案或者要求出具审计档案证明的，须经审计档案所属审计机关分管领导审批，重大审计事项的档案须经审计机关主要领导审批。

5. 审计档案的移交与销毁。省级以上（含省级）审计机关应当将永久保管的、省级以下审计机关应当将永久和 30 年保管的审计档案在本机关保管 20 年后，定期向同级国家综合档案馆移交。

审计机关应当按照有关规定成立鉴定小组，在审计机关办公厅（室）主要负责人的主持下定期对已超过保管期限的审计档案进行鉴定，准确判定档案的存毁。

审计机关应当对确无保存价值的审计档案进行登记造册，经分管负责人批准后销毁。销毁审计档案，应当指定两人及以上负责监销。

参考文献

[1] 安玉琴，孙秀杰，宋丽萍.财务管理模式与会计审计工作实践[M].北京：中国纺织出版社，2023.

[2] 陈媛.财务审计与会计管理研究[M].延吉：延边大学出版社，2020.

[3] 丁丁，黄季红.审计基础与实务[M].合肥：中国科学技术大学出版社，2023.

[4] 杜丽丽，张红，王春霞.新时期财务会计与审计[M].北京：线装书局，2024.

[5] 牛伟伟，姚小平.财务会计理论的发展与创新[M].哈尔滨：东北林业大学出版社，2023.

[6] 唐宏斌，于丽丽，周柳君.现代财务与会计探索研究[M].长春：吉林出版集团股份有限公司，2023.

[7] 王砚书，刘洪锋，武侠.审计学[M].沈阳：东北财经大学出版社，2019.

[8] 肖首荣，张亚丽，王晗.财务管理与会计研究[M].长春：吉林科学技术出版社，2023.

[9] 叶忠明，杨录强，田林.审计学原理[M].沈阳：东北财经大学出版社，2019.

［10］张杰琪.财务会计与审计管理[M].长春：吉林出版集团股份有限公司，2023.

［11］张丽，赵建华，李国栋.财务会计与审计管理[M].北京：经济日报出版社，2019.

［12］赵娟.财务会计与资产审计管理研究[M].长春：吉林出版集团股份有限公司，2020.